엘리트 포획

Elite Capture: How the Powerful Took Over Identity Politics (And Everything Else) **by Olúfẹ́mi O. Táíwò**

Copyright © 2022 by Olúfẹ́mi O. Táíwò
Korean translation copyright © 2024 by Secondthesis
All rights reserved.

This Korean translation published by arrangement with Regal Hoffmann &
Associates, LLC. through Milkwood Agency.

엘리트 포획
엘리트는 어떻게 정체성 정치를 (그리고 모든 것을) 포획하는가?

지은이 올루페미 O. 타이워
옮긴이 권순욱

1판 1쇄 발행 2024년 10월 15일

펴낸곳 두번째테제
펴낸이 장원
등록 2017년 3월 2일 제2017-000034호
주소 (13290) 경기도 성남시 수정구 수정북로 92, 태평동락커뮤니티 301호
전화 031-754-8804 | 팩스 0303-3441-7392
전자우편 secondthesis@gmail.com
블로그 blog.naver.com/secondthesis

ISBN 979-11-90186-42-1 03330

엘리트 포획

Elite Capture

How the Powerful Took Over

Identity Politics (And Everything Else)

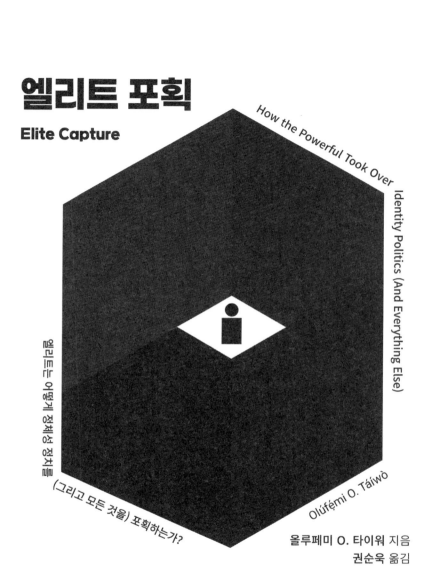

엘리트는 어떻게 정체성 정치를

(그리고 모든 것을) 포획하는가?

Olúfẹ́mi O. Táíwò

올루페미 O. 타이워 지음
권순욱 옮김

느린

차례

일러두기

1. 이 책은 Olúfẹ́mi O. Táíwò, *Elite Capture: How the Powerful Took Over Identity Politics (And Everything Else)*, Haymarket Books, 2022를 우리말로 옮긴 것이다.

2. 지은이 주석 및 옮긴이 주석은 모두 각주로 처리했으며 옮긴이 주에는 [옮긴이]로 표시해 구분했다. 본문의 이탤릭체는 굵은 글씨체로 표기했다. 도서, 저널, 보고서명의 경우 겹화살괄호로, 언론사 및 논문명은 홑화살괄호로 표기했다.

4. 인명 및 단체명 등의 고유명사는 외래어 표기법을 따르되 널리 사용되는 표현이 있는 경우 그에 따랐다. 필요한 경우 원어나 한자를 병기했다.

언제나 그렇듯이 이 책에 관심을 가져 주신 수많은 분들께 감사를 드리고 싶습니다.

도움을 준 가족, 형제들에게 감사드립니다. 형제 이부쿤과 이분, 부모님 아비올라와 예툰데 그리고 타이워Táíwò 가문과 소쿤비스Sokunbis 가문의 모든 분들, 애비가일 히긴스와 히긴스 가족, 케네디 가족 등 신시내티에 있는 모든 나이지리아 사람들에게 감사를 표합니다.

저는 편집자 엠마 영과 헤이마켓 출판사의 샘 스미스에게도 감사를 드리고 싶습니다. 그리고 이 책이 출판될 수 있도록 도움을 주신 모든 분들께 감사드립니다. 앤서니 아르노브와 스테파니 스테이커, 쉬잔 리핀스카 그리고 사이먼 들로벨과 마티유 클레예베 아보네크를 비롯해 예술 공간 키오스크KIOSK와 아프릭아시아AfricAsia에서 제가 저널리즘적 글쓰기를 할 수 있도록 도움을 주신 분들께 감사드립니다. 이 책은 《보스턴 리뷰 *Boston Review*》와 《필로소퍼 *The Philosopher*》에 실린 두 편의 소논문에서 시작되었습니다. 데보라 채스먼과 매트 로드 등 《보스턴 리뷰》의 동료들과 키아라 리카르돈, 앤서니 모건 등 《필로소퍼》의 동료들께 이 책의 초고에 담긴 생각을 지지해 준 덕분에 이 책이 나올 수 있게 되었다고, 감사를 표하고 싶습니다.

A. J. 줄리어스, 대니얼라 도버, 멜빈 로저스, 제이슨 스탠리, 게이 테레사 존슨 등 제가 이 책을 펴낼 수 있도록 직간접적으로 도움을 준 학자들에게도 특별히 감사를 표합니다. 조시 암스트롱, 퀼 쿠클라, 마크 랜스, 브라이스 휴브너, 헨리 리처드슨 등은 제가 그 저작과 가르침, 리더십에 암묵적으로든 명시적으로든 의지했던 분들입니다. 리엄 코피 브라이트, 마르케스 베스탈, 타비실 그리핀, 오스틴 브래니언, 알렉시스 쿡, 셸비 나일렛 마이스너, 조엘 마이클 레이놀즈, 잔느-마리 잭슨-아보튀 등 이 글을 완성하는 데 중요한 지지와 조언을 해 주었던 제 친구, 동지들께도 감사의 마음을 전합니다.

언더커먼즈The Undercommons, 학생노동조합 2865UAW 2865, 캘리포니아 대학교 로스앤젤레스 노동센터, 로스앤젤레스 흑인노동자센터, 범아프리카공동체행동Pan-African Community Action 등 제가 배움을 얻을 수 있었던 기관과 단체에도 감사를 표합니다.

제 정신적 선조인 반식민 투사들, 노예제 폐지론자들, 더 많은 것을 요구한 노동자들, 더 적은 것을 받아들이길 거부했던 활동가들에게도 감사를 표합니다. 이들의 투쟁과 희생이 없었다면 어떤 일도 불가능했을 것입니다.

아직 젊거나 태어나지 않은 우리의 모든 정신적·혈연적 후손에게도 사랑과 희망, 연대로 감사를 표합니다.

[우리의 당 강령에는_옮긴이] 인종주의도, 부족주의도 없다. 우리는 그저 국기와 국가國歌, 정부를 갖기 위해 투쟁하지 않는다. 우리가 스스로 총독의 자리에 오르려고 하는 것도 아니다. 그런 목표는 우리의 목표가 아니다. 우리는 식민주의만이 아니라 모든 형태의 착취로부터 우리 인민을 해방시키기 위해 투쟁한다.

우리는 백인이든 흑인이든 더 이상 어느 누구도 우리 인민을 착취하는 것을 원하지 않는다. _아밀카르 카브랄, 《단결과 투쟁》[2]

2020년 봄, 팬데믹 봉쇄 조치가 시작되면서 대중교통, 다른 주로의 이동, 유흥시설, 지역 봉사활동, 도서관, 미용실 사용

---

1 이 서론의 이전 버전은 다음에서 찾아볼 수 있다. "Identity Politics and Elite Capture," *Boston Review*, May 7, 2020, https://bostonreview.net/articles/olufemi-o-taiwo-identity-politics-and-elite-capture/[2024년 7월 25일 접속 확인].

2 Amílcar Cabral, *Unity and Struggle: Speeches and Writings of Amílcar Cabral*, vol. 3 (New York: New York University Press, 1979), 86. [옮긴이] 아밀카르 카브랄(1924-1973): 기니비사우 출신 혁명가, 마르크스주의자. 1956년, 아밀카르 카브랄은 이복형제이자 기니비사우의 초대 대통령인 루이스 카브랄과 카보베르데의 초대 대통령 아리스티데스 페레이라 Aristides Pereira 등과 함께 기니비사우-카보베르데 아프리카 독립당PAIGC을 창당했다. 이후 PAIGC가 무장 독립 투쟁을 시작하면서 아밀카르 카브랄은 게릴라 부대를 이끈다. 그는 1973년 1월 20일, 갑작스럽게 암살당해 독립을 지켜보지는 못했다.

등 평상시에 잘 이뤄지던 많은 것들이 잠잠해졌다. 심지어 놀이터조차도 조용해졌다. 그러나 봉쇄 조치도, 지구 전역에서 일어나는 경찰들의 살인을 막지는 못했다.

어떤 곳에서는 봉쇄 조치가 경찰들의 살인을 부추기기도 했다. 케냐에서는 통행금지령이 시작된 지 나흘 째인 2020년 3월 31일, 경찰관이 명령을 집행하려고 마을에 들이닥쳐 사람들을 무차별적으로 구타하고 결국 실탄을 발사하기에 이르렀다.[3] 실탄 한 발이 야신 후세인 모요Yasin Hussein Moyo라는 아이에게 날아가 박혔고, 아파트 발코니에서 싸움을 지켜보던 이 열세 살 먹은 아이는 사망했다. 2020년 5월 19일, 콜롬비아의 푸에르토 테하다Puerto Tejada에서는 스물한 살 안데르손 아르볼레다Anderson Arboleda가 팬데믹 통행금지령을 어겼다는 이유로 두 경찰관에게 쫓겼고, 결국 엄청나게 구타당하고 최루액을 맞고선 다음날 아침 사망했다.[4]

다른 곳에서도 팬데믹은 일상적으로 이뤄지는 경찰의 폭

---

3   Max Bearak and Rael Ombuor, "Kenyan Police Shot Dead a Teenager on His Balcony during a Coronavirus Curfew Crackdown," *Washington Post*, March 31, 2021, https://www.washingtonpost.com/world/africa/kenyan-police-shot-dead-a-teenager-on-his-balcony-during-a-coronavirus-curfew-crackdown/2020/03/31/6344c70e-7350-11ea-ad9b-254ec99993bc_story.html[2024년 7월 25일 접속 확인].

4   Jorge Valencia, "Black Lives Matter Protests Renew Parallel Debates in Brazil, Colombia," *The World*, June 15, 2021, https://www.pri.org/stories/2020-06-15/black-lives-matter-protests-renew-parallel-debates-brazil-colombia[2024년 7월 25일 접속 확인].

력을 완전히 막지 못했다. 2020년 5월 18일, 브라질에서 경찰관 세 명이 리우데자네이루주 콤플렉소 두 살게이루Complexo do Salgueiro에 있는 슬럼가favela의 어느 집에 침입했을 때, 거기에는 사촌 형제 여섯 명이 놀고 있었다.[5] 경찰관들은 발포했고, 열네 살 먹은 주앙 페드로 마토스 핀투João Pedro Matos Pinto가 등에 총알을 맞았다. 아이의 친척은 그 아이가 치료를 받도록 필사적으로 아이를 경찰 헬리콥터로 데려갔다. 이후, 가족들은 아이의 행방과 건강 상태를 알 수 없었고 17시간이 지난 후에야 검시실에서 아이의 시신을 발견했다. 리우데자네이루 주경찰의 추정에 따르면 2020년 초에 경찰들은 하루에 평균적으로 여섯 명을 살해했다. 경찰의 살인 사건이 지난 10년간의 양상을 따른다고 보면, 사망자의 4분의 3 이상이 흑인 남성이었다.[6] 규모를 따지면 2019년에 리우데자네이루주 한 곳에서 일어난 경찰의 살인 사건이 같은 해 미국 전역에서 일어난 경찰의 살인 사건보다 거의 두 배가 많았다.[7]

5   "Demonstrators in Brazil Protest against Crimes Committed by Police," *VOA News*, June 1, 2020, https://www.voanews.com/americas/demonstrators-brazil-protest-against-crimes-committed-police[2024년 7월 25일 접속 확인].

6   César Muñoz, "Brazil Suffers Its Own Scourge of Police Brutality," *Human Rights Watch*, June 3, 2020, https://www.hrw.org/news/2020/06/03/brazil-suffers-its-own-scourge-police-brutality[2024년 7월 25일 접속 확인].

7   "Rio Violence: Police Killings Reach Record High in 2019," *BBC News*, January 23, 2020, https://www.bbc.com/news/world-latin-america-51220364[2024년 7월 25일 접속 확인].

미국에서는 빈번하게 일어나는 경찰의 폭력으로 인해 브레너 테일러Brenner Taylor(2020년 3월 13일), 조지 플로이드George Floyd(2020년 5월 25일), 토니 맥데이드Tony McDade(2020년 5월 27일) 등이 희생되면서, 미국 역사상 전례 없는 규모의 시위가 시작되었다. 일부 추정에 따르면 미국인 2600만 명이 어떤 형태로든 시위에 참여했다 한다. 이 수치는 전체 미국 인구의 약 8퍼센트에 해당한다.[8] 이 시위는 규모가 컸을 뿐 아니라 전투적이었다. 미국 전역에서 고급 쇼핑몰과 소매점이 약탈당하고 파괴되었다. 미니애폴리스에서는 반란자들이 물건을 던져 전면 유리를 깨부수고 건물에 불을 지르자, 경찰들은 살아남기 위해 제3지구에서 도망쳤다.

이러한 시위가 전 세계에서 일어났다. 2020년 6월, 시위자들은 리우데자네이루, 서울, 런던, 시드니, 몬로비아를 비롯한 여러 도시의 거리를 장악했다.[9] 이러한 전 지구적 연대가 일어

8 Larry Buchanan, Quoctrung Bui, and Jugal K. Patel, "Black Lives Matter May Be the Largest Movement in U.S. History," *New York Times*, July 3, 2020, https://www.nytimes.com/interactive/2020/07/03/us/george-floyd-protests-crowd-size.html[2024년 7월 25일 접속 확인]; Dudley L. Preston, "3 Ways That the U.S. Population Will Change over the Next Decade," *PBS NewsHour*, accessed January 2, 2020, https://www.pbs.org/newshour/nation/3-ways-that-the-u-s-population-will-change-over-the-next-decade[2024년 7월 25일 접속 확인].

9 Jen Kirby, "'Black Lives Matter' Has Become a Global Rallying Cry," *Vox*, June 12, 2020, https://www.vox.com/2020/6/12/21285244/black-lives-matter-global-protests-george-floyd-uk-belgium[2024년 7월 25일 접속 확인].

난 까닭은 의심할 여지없이 '흑인의 생명은 소중하다Black Lives Matter'의 여러 지부와 그 우산 조직인 흑인의 생명을 위한 운동 Movement for Black Lives 그리고 이 단체와의 협력과 연대에 힘쓴 전 세계의 여타 수많은 단체들이 변함없이 국제적인 조직화 활동을 했기 때문이었다. 하지만 이러한 연대는 인종주의와 치안 유지가 교차하는 동학이 전 지구에서 일어난다는 점에 그 뿌리를 두고 있다. 이 문제는 우리의 가까운 과거가 남긴 많은 유산 중 하나이며, 오늘날 우리의 삶을 형성하고 있다.

몇 달이 흐른 2020년 10월, 나이지리아에서는 이러한 저항의 에너지가 최고조에 이르렀다. 그때 시위자들은 대강도특수부대SARS, Special Anti-robbery Squad를 폐지할 것을 요구하며 거리를 장악했다. 이 비밀 경찰 부대가 나이지리아인들을 대상으로 여러 차례 초사법적인 고문, 성폭력, 살해를 자행했기 때문이었다. #SARS를폐지하라#EndSARS 시위자들은 나이지리아 정부의 격렬한 저항에 마주했을 뿐 아니라 총탄에 맞기도 했다. 그리고 악명 높은 레키 요금소 학살 사건[10]이 일어났다. 국

---

10   [옮긴이] Lekki Toll Gate massacre: 2020년 10월 20일, 나이지리아 정부군이 SARS를 폐지할 것을 요구하는 시위대를 향해 실탄을 발사한 사건이다. 2020년 10월 4일, SARS가 초법적 살인을 벌인 영상이 확산되면서 나이지리아에서 SARS 폐지를 요구하는 시위가 벌어졌다. 10월 11일, 정부가 SARS을 해체한다고 발표했음에도 시위대는 정부가 이를 이행하고 있지 않다며 시위를 계속해 나갔다. 나이지리아 정부군이 라고스주 레키 요금소에서 시위대에 총격을 가하면서 최소 열두 명이 사망하고 수십 명이 부상당했다.

제 앰네스티는 이 사건으로 열두 명이 사망했다고 밝혔다.[11] 중요한 것은 #SARS를폐지하라 시위자들이 2020년 초에 일어난 다른 시위에 단지 공감하거나 영향을 받기만 한 게 아니었다는 점, 다른 시위와 동일한 투쟁을 각자의 전선에서 하고 있었다는 점을 이해하는 것이다.

나이지리아의 SARS, 미국의 경찰 부대, 여타 많은 억압기구들은 비슷한 이데올로기 구조와 폭력 전략을 사용한다. 그 이유는 이 국가기구들이 비슷한 목적을 달성하기 위해 만들어진 비슷한 제도이기 때문이다. 이러한 부대들 대부분이 19, 20세기 식민주의 시대에 뿌리를 두고 있다. 그 당시는 각국의 제도가 글로벌 인종 제국Global Racial Empire의 상징을 따라 프랜차이즈처럼 기능했고 각 식민지의 주둔군, 정부, 증권거래소가 하나로 연결되어 강력한 카르텔을 형성했다. 글로벌 인종 제국 속에서 각 식민지의 치안부대는 저마다의 이익에 전념했지만, 이 카르텔 전체는 동일한 엘리트의 이해관계를 위해 움직였다. 이로 인해 부와 이익은 남반구에서 북반구로, 흑인에게서 백인으로 흘러가게 되었다. 그리고 이 체계가 해체된 적은 결코 없다. 따라서 비록 지구 정치를 다룰 때 "제국empire"이라는 용어

---

11 "Nigeria's Lekki Shooting: What Has Happened so Far at Lagos Judicial Panel," *BBC News*, November 27, 2020, https://www.bbc.com/news/world-africa-55099016[2024년 7월 25일 접속 확인].

가 흔히 쓰이지 않게 되었더라도, 우리는 여전히 제국 속에서 살고 있다. 노골적인 제국적 구조가 계속 존재하기 때문이다. 프랑스는 구 아프리카 식민지의 통화를 관리하고 있고, 겉보기에 중립적인 국제적 기업과 제도는 전 세계 빈곤층과 빈곤국을 "신식민주의적"인 방식으로 괴롭히고 있다.[12]

그러므로 나라마다 맥락은 다르지만, 전 세계에서 사람들이 수백 년 동안 시달려 온 경찰의 테러와 폭력에 맞서 일어나자마자, 곧바로 세계적인 무엇인가가 위태로워졌다는 사실이 분명해졌다. 지배 엘리트들도 여기에 곧바로 반응했다. 세계은행World Bank은 '인종주의 태스크포스Task Force on Racism'를 설립했다. 유엔은 아프리카연합African Union 54개국 전체의 압력을 받아 1년 동안 반흑인 인종주의 조사에 착수하기로 합의했다.[13]

---

12 나는 《배상에 대한 재고찰》에서 이 문제에 대해 깊이 탐구했다. *Reconsidering Reparations: Worldmaking in the Case of Climate Crisis* (New York: Oxford University Press, 2021); Kwame Nkrumah, "Neo-Colonialism: The Last Stage of Imperialism," 1967; F Pigeaud and NS Sylla, "Africa's Last Colonial Currency: The CFA Franc Story," 2021. [옮긴이] 글로벌 인종 제국은 올루페미 타이워가 《배상에 대한 재고찰》에서 인종자본주의 이론을 확장하여 현재의 인종주의적 국제체제를 설명하기 위해 도입한 개념이다. 타이워에 따르면 글로벌 인종 제국이란 피부색에 근거한 강력한 위계질서에 따라 대중을 분절화 및 조직화하는 국제적 수준의 사회체계다. 타이워는 글로벌 인종 제국이 대서양 횡단 노예 무역과 식민주의의 결합으로 형성되었다고 주장하며, 그 유산으로 인해 기후 위기가 낳은 불균등한 결과에서 드러나듯이 사회적 이익과 불이익이 기존의 위계질서에 따라 불균등하게 배분되고 있다고 주장한다.

13 David Malpass, "June 18, 2020: Ending Racism," *Voices*, June 18, 2020, https://https://blogs.

이러한 지배 엘리트들의 반응은 곧바로 두 가지 방향의 전략을 통해 드러났다. 한 가지 전략은 엘리트들이 물질적인 개혁을 시행하지 않으면서 상징적인 정체성 정치identity politics 를 사용하여 시위자들을 진정시키는 것이었다. 다른 전략은 엘리트들이 정체성 정치의 요소들을 활용하여 기존 제도를 (바꾸는 것이 아니라) 다시 포장하는 것이었다.

워싱턴 D.C. 시장의 사례는 이 첫 번째 전략을 놀랍도록 명확히 드러낸다. 워싱턴 D.C. 시장은 "흑인의 생명은 소중하다"라는 문구를 백악관 근처 거리 위에다 칠했지만, 바로 그 길 위에서 시위자들을 계속해서 탄압했다. 그다음 해에 미국 중앙정보국CIA은 두 번째 전략을 사용했다. CIA는 퀴어와 원주민을 비롯한 다양한 정체성 집단을 대상으로 〈CIA 사람들Humans of CIA〉이라는 제목의 모집 영상을 여러 편 만들었다. 언론인 로베르토 로바토는 〈교차적 제국의 시대가 우리에게 다가왔다〉라는 적절한 제목의 기사를 통해 이 당시 일어나던 동조 현상에 대해 독자들에게 경고한다. "진보 진영 바깥에 있는 수백만 명이 육군과 해군의 모집 광고에서 자랑스러운 흑인과 라틴계

worldbank.org/en/voices/june-18-2020-ending-racism[2024년 7월 25일 접속 확인]; Chris Cannito, "UN Human Rights Council Holds Historic Hearings on Racism in US," *Nonprofit Quarterly*, June 22, 2020, https://nonprofitquarterly.org/un-human-rights-council-holds-historic-hearings-on-racism-in-us/[2024년 7월 25일 접속 확인].

엘리트 포획

병사들을 다루는 것을 보며 이에 감정적으로 반응하고 있다."[14]

공식 정치가 꾸린 태스크포스, 격려 벽화, 영감을 주는 광고는 유용한 당근 역할을 한다. 물론 채찍도 존재한다. 2021년 6월까지 미국 25개 주 주의회는 '비판적 인종 이론critical race theory'의 교육을 금지하는 법안을 상정했다. 이는 문화 전쟁의 일종으로 추진된 것이다. 헤리티지 재단과 맨해튼 연구소 같은 싱크탱크와 (트럼프 행정부의 백악관 비서실장이었던) 마크 메도즈Mark Meadows 같은 유력인사들이 이러한 문화 전쟁을 후원했다.[15] 영국에서, 정부는 인종 및 민족 격차위원회Commission on Race and Ethnic Disparities를 설립했고, 이 위원회는 흑인의 생명은 소중하다 시위자들이 영국 정부를 향해 제기한 제도적 인종주의 혐의에 대해 무죄를 선고하는 보고서를 발표했다.[16] 포섭에

14   Roberto Lovato, "The Age of Intersectional Empire Is Upon Us," May 10, 2021, *The Nation*, https://www.thenation.com/article/politics/cia-video-intersectional/[2024년 7월 25일 접속 확인].

15   Talia Lavin, "The 1960s Previewed the GOP Attack on 'Critical Race Theory,'" *MSNBC*, June 22, 2021, https://www.msnbc.com/opinion/right-wing-freakout-about-critical-race-theory-began-1960s-n1271670[2024년 7월 25일 접속 확인]; Kevin M. Kruse, "The Trump Administration's Thinly-Veiled Rebuke of 'The 1619 Project' is a Sloppy, Racist Mess," *MSNBC*, accessed January 20, 2021, https://www.msnbc.com/opinion/trump-administration-s-thinly-veiled-rebuke-1619-project-sloppy-racist-n1254807[2024년 7월 25일 접속 확인].

16   Amy Cassidy and Tara John, "UN Condemns 'Reprehensible' UK Race Report for Repackaging 'Racist Tropes into Fact,'" *CNN*, April 19, 2021, https://www.cnn.com/2021/04/19/uk/un-uk-race-report-intl-gbr/index.html[2024년 7월 25일 접속 확인]; Tara John, "Analysis: Culture Wars Give Boris Johnson and His Government a Quick and Easy High. They're No Substitute

실패할 경우, 전형적인 억압이 다시 나타났다.

그렇다면 우리는 정체성 정치를 어떻게 이해해야 할까? 정체성 정치의 일부 표현들이 오래된 제국적 프로젝트를 다시 포장하기 위해 왜곡되곤 하지만, 권력자들은 그 이외의 표현에 대해서는 적극적으로 금지하곤 한다. 철학자 애슐리 보러가 주장하듯, 정체성 정치 자체를 좌파 정치와 크게 다르지 않다고 보고 정체성 정치가 정통 좌파 정치와 멀어지는 이유를 대개 "의사소통의 실패" 때문이라고 말할 수 있을까?[17] 혹은 세계사회주의 웹사이트에서 도미닉 구스타보가 주장하는 것처럼 더욱 불온하게 표현해 보면, 정체성 정치란 "본질적으로 부르주아지가 인종과 젠더에 따라서 노동자들을 계속 분열시킴으로써 노동자계급에 대한 계급 지배를 유지하기 위해 활용하는 핵심적인 수단"일 뿐인가?[18] 그게 아니라면, 비판적 인종 이론에서 보여주듯이 정체성 정치를 기존 질서에 위험하기 때문에

for Governing," *CNN*, accessed April 4, 2021, https://www.cnn.com/2021/04/04/uk/uk-race-report-culture-wars-intl-gbr/index.html[2024년 7월 25일 접속 확인].

17   Ashley Bohrer, "Intersectionality and Marxism: A Critical Historiography," Historical Materialism 26, no. 2 (2018): 60. [한국어 번역: 애슐리 보러, 〈상호교차성과 마르크스주의: 비판적 역사 기록〉, 두견 옮김, 다른세상을향한연대, https://www.anotherworld.kr/976[2024년 7월 25일 접속 확인]].

18   Dominic Gustavo, "'Humans of CIA' Recruitment Campaign Sells Youth 'Identity Politics Imperialism,'" *World Socialist Web Site*, May 20, 2021, https://www.wsws.org/en/articles/2021/05/20/ciar-m20.html[2024년 7월 25일 접속 확인].

엘리트 포획

권력자들이 근절시키고자 하는 이데올로기이자 위협이라고
할 수 있을까?

컴바히강공동체
(당신이 생각하는 정체성 정치는 왜 정체성 정치가 아닌가)

"정체성 정치"라는 용어는 1977년 컴바히강공동체[19]의 선
언문을 통해 처음으로 대중화되었다. 컴바히강공동체는 퀴어
흑인 페미니스트 사회주의자들로 이뤄진 조직으로, 선언문은
연대와 협력을 촉진하는 것을 목표로 삼았다.

미국학 연구자 두체스 해리스는 컴바히강공동체의 기원
을 다음과 같이 회상한다. 1961년, 존 F. 케네디 대통령은 여성
지위위원회Commissions on the Status of Women를 소집했다. 여성
지위위원회는 흑인여성자문회의를 비롯한 네 가지 자문기구
로 구성되었다. 이 사건을 계기로 후속 회의가 이뤄졌고, 여성
지위위원회 제3차 전국대회에서 전미여성기구NOW, National

---

19 [옮긴이] Combahee River Collective: 1974년 미국 매사추세츠주 보스턴에서 흑인 레즈비
언 사회주의 페미니스트 활동가들에 의해 결성된 흑인 페미니스트 단체. 컴바히강공
동체는 정체성 정치를 내세우며 다양하고 교차하는 사회적 억압에 맞서 연대를 강조
했으며, 가정폭력을 겪은 여성들을 지원하고 여성운동, 흑인운동, 노동운동, 성소수
자운동과 적극 연대했다. 컴바히강공동체라는 이름은 1863년, 사우스캐롤라이나주
에서 흑인 여성이 남부연맹군을 상대로 싸운 컴바히 강에서 따온 것이다.

Organization for Women가 창립되었다. 전미여성기구 창립자들은 이 기구가 '여성들을 위한 전미유색인지위향상협회NAACP, National Association for the Advancement of Colored People'의 역할을 하길 바랐다. 그러나 전미여성기구는 인종을 중요하게 다루겠다는 약속에 부응하지 못했고 게다가 흑인 민족주의Black nationalist 조직들도 마찬가지로 젠더를 중요하게 다루지 못했다.[20] 그 결과 1973년, 활동가들은 전미흑인페미니스트기구National Black Feminist Organization를 창립하기에 이른다.[21]

1974년, 젊은 활동가 바버라 스미스Barbara Smith는 전미흑인페미니스트기구 보스턴 지부 조직화 활동을 시작하면서 데미타 프레이저Demita Frazier를 만난다. 이 둘은 전미흑인페미니스트기구가 내세우는 목표에 많은 부분 동의했지만, 더욱 자유롭게 "급진 경제학"을 논의하고 레즈비언을 위한 목소리를 보장하는 조직을 원했다. 그리하여 네 사람이 모인 회의에서 컴바히강공동체가 시작되었다. 1977년부터 1980년까지 그들은 동료 활동가들과 일곱 차례 수련회를 열었으며, 이때 비슷한 생각을 가졌던 보스턴의 베테랑 활동가들이 참석했다. 심지어 유명 작가 오드리 로드Audre Lorde도 참석했다.

---

20 Duchess Harris, "From the Kennedy Commission to the Combahee Collective," in *Sisters in the Struggle* (New York: New York University Press, 2001), 280–305.

21 Harris, "Combahee Collective," 280–305.

엘리트 포획

이 활동가들은 다양한 정치 조직에서 자신들의 정치적 우선순위가 뒤로 밀리고 평가절하당하는 일들을 계속해서 겪었고, 이 경험은 이들을 하나로 묶었을 뿐 아니라 이들이 발전시킨 입장의 토대가 되었다. 활동가들은 이 입장에 "정체성 정치"라는 세례명을 내려주었다.

나중에 스미스는 이렇게 설명했다. "사실 우리는 흑인 여성으로서 우리의 경험에 근거하여 정치적 우선순위와 의제, 행동과 해법을 만들 권리를 갖고 있었다." 그들은 자신들을 백인 여성의 장식품token이나 흑인 남성의 비서라는 위치에 놓는 것이 아니라 자신들의 온전한 경험과 이해관계에 기반하여 정치적 의제를 만들어 낼 권리를 갖고 있었다. 그리고 그들은 자신을 비하하고 풍자하는 캐리커쳐가 아니라 자신들의 매우 복잡한 가치들을 통합하는 정치적 의제를 가질 권리 또한 갖고 있었다. 프린스턴 대학의 키앙가-야마타 테일러 교수가 설명하듯이 "그 누구도 흑인 여성들이 자신의 이해관계를 대변하지도 제시하지도 않는 정치운동에 매우 적극적으로 참여하리라고는 생각하지 않을 것이다." 따라서 그들이 발전시킨 정체성 정치란 "흑인 여성들이 정치에 참여하는 **입구**entry points" 역할을 하는 것이었으며, 문제가 되는 단체나 운동에서

완전히 이탈하는 것은 아니었다.[22]

　이렇듯 그들은 다양한 연합을 조직하는 접근법을 지지했다. 스미스는 이후 버니 샌더스 대통령 선거 캠페인에서 나타난 풀뿌리운동 접근법에서도 이러한 접근법의 예시를 발견했다. 샌더스의 선거 캠페인은 다양한 정체성을 지닌 사람들이 마주한 사회 이슈, 특히 "식량, 주거, 보건에 대한 기본적 필요"에 집중했다.[23] 컴바히강공동체의 창립자 중 한 명인 베벌리 스미스Beverly Smith는 컴바히강공동체 선언문이 여러 보스턴 좌파 단체에 곧바로 정치적 영향을 미쳤다는 점을 회상한다. "우리는 많은 유색인 여성, 즉 흑인이 아닌 여성들까지도 끌어들였죠. 우리는 라틴계 여성들과 연결되어 있었어요. 아시아계 여성들과도 연결되어 있었죠. 그들도 우리를 끌어들였어요. 그건 그냥 일방적인 게 아니었기 때문이에요. 우리는 무슨 일이 일어나고 있는지 알게 되면, 그곳으로 달려가곤 했어요."[24]

22　Keeanga-Yamahtta Taylor, *How We Get Free: Black Feminism and the Combahee River Collective* (Chicago: Haymarket Books, 2017), 5–6 (강조는 저자).

23　Terrell Jermaine Starr, "Barbara Smith, Who Helped Coin the Term 'Identity Politics,' Endorses Bernie Sanders," *The Root*, accessed February 3, 2020, https://www.theroot.com/barbara-smith-who-helped-coin-the-term-identity-politi-1841419291[2024년 7월 25일 접속 확인]; Barbara Smith, "I Helped Coin the Term 'Identity Politics'. I'm Endorsing Bernie Sanders," *Guardian*, February 10, 2020, http://www.theguardian.com/commentisfree/2020/feb/10/identity-politics-bernie-sanders-endorsement[2024년 7월 25일 접속 확인].

24　Taylor, *How We Get Free*, 107–109.

컴바히강공동체는 정체성 정치에 대해 원칙적인 입장을 갖고 있었다. 그 입장은 분열해야 할 이유가 아니라 단결해야 할 이유가 되었다.

하지만 컴바히강공동체가 창립되고 수십 년이 지난 후, 일부 사람들, 특히 소셜미디어에서 활동하는 사람들은 차이를 넘어 동맹을 구축하는 대신에 훨씬 더 협소하게 이해된 집단 이익을 중심으로 똘똘 뭉치기를 선택했다. 스미스는 오늘날 흔히 쓰이는 정체성 정치 개념의 용법 가운데 많은 부분이 "우리가 의도했던 것과 완전히 다르다"라고 완곡하게 이야기한다.[25] 이 점에 대해서 아사드 하이더는 저서 《오인된 정체성》에서 더욱 단호하게 말한다. 하이더는 책에서 정체성 정치가 보여준 급진적인 역사를 인정하지만, 그럼에도 불구하고 정체성 정치가 "이러한 해방적 유산을 정치 엘리트와 경제 엘리트의 승진을 위해 도용하고자 등장한 이데올로기"라고 표현한다.[26] 나는 이러한 지적에 동의하지만 정치철학자 메리 모런과 철학자 린다 마틴 앨코프의 주장에도 동의한다. 모런과 앨코프는 정체성 정치에 내재되어 있는 것으로 전제된 관념ideas을 문제시되고

25   Starr, "Barbara Smith Endorses Bernie Sanders."

26   Asad Haider, "Identity Politics," chapter 1 in *Mistaken Identity: Race and Class in the Age of Trump* (Verso Books, 2018), 7–26. [한국어판: 《오인된 정체성: 계급, 인종, 대중운동, 정체성 정치 비판》, 권순욱 옮김, 두번째테제, 2021, 35쪽]

있는 정치적 발전과 연관시키는 이데올로기적인 설명이 핵심을 놓치기 쉽다고 설득력 있게 주장한다. 정체성 정치 비판 가운데 대다수가 정체성에 기반한 운동에 필수적이지 않거나 애초에 이 운동의 핵심 목표를 완전히 오해한 관념을 겨냥하기 때문이다.[27]

　"엘리트 포획elite capture"이라는 개념idea은 이러한 두 가지 지적을 서로 조화시킬 수 있다. 최근에 의미와 용법이 변화된 정체성 정치가 경찰의 살인을 막거나 감옥을 비우게 하지 못한 것은 사실이다. 그러나 정체성 정치 덕분에 여러 사람, 조직, 제도가 자신들의 정치와 심미를 구현할 수 있는 새로운 언어를 갖게 된 것도 사실이다. 비록 정체성을 활용해 내려진 정치적 결정이 사실은 그 정체성을 지닌 주변화된 사람들의 이해관계와 무관하거나 반대될지라도 말이다. 한데 이러한 특징은 정체성 정치가 활용되는 방식 때문이지, 정체성 정치의 본질 때문은 아니다. 분파적이지 않은 변혁적 연합 정치coalitional politics를 가로막는 것은 여기서 말하는 "엘리트 포획"이지, 정체성 정치가 아니다.

27　Marie Moran, "(Un) Troubling Identity Politics: A Cultural Materialist Intervention," *European Journal of Social Theory* 23, no. 2 (2020): 258–277; Linda Martín Alcoff, "The Political Critique," chapter 2 in *Visible Identities: Race, Gender, and the Self* (Oxford University Press, 2005), 20–46.

엘리트 포획이라는 더 큰 문제

엘리트 포획은 개발도상국에 관한 연구에서 기원한 개념이다. 이 개념은 사회적 우위에 있는 사람들이 특히 해외원조와 같은, 다른 이들을 위한 금전적 혜택을 통제하는 경향을 설명하고자 등장했다. 하지만 이 개념은 더욱 일반적으로 적용되어 이론상으로도 실제로도 좋은 지위에 있고 자원이 많은 이들에 의해 정치 프로젝트가 하이재킹되는 방식을 설명해 왔다. 또한 이 개념은 어떻게 지식, 주목, 가치 등의 공공 자원이 권력 구조에 의해 왜곡되어 분배되는지 설명해 줄 수 있다.

엘리트 포획은 정체성 정치를 향한 흔한 반대 의견 중 많은 부분을 설명해 준다. 이 반대 의견 중에는 정체성 정치가 어떤 정치인을 지지할 때 정치적 내용에 대해서는 고려하지 않고 정체성을 근거로 무비판적으로 지지할 것을 요구한다는 주장이 있다. 그리고 정체성 정치가 대개 "실제로는 부유한 백인들을 위한 것"을 향한 사회적 집착을 반영한다는 주장도 있다. 평론가 사가르 엔제티는 "정체성 정치에 사로잡힌 민주당 엘리트"를 비판하면서 "뉴스 보도국과 전문직 관리자 계급professional-managerial class에 속한 사람들이 오늘날 우리의 정치 담

론에 너무나도 많은 영향력을 미치고" 있다고 주장한다.[28] 엔
제티는 오늘날 대중적으로 사용되는 정체성 정치의 주류적
인 용법이 지닌 문제, 즉 좋은 지위에 있는 사람들이 우리의
정치 담론에 과도하게 영향을 미친다는 문제를 밝혀냈다. 그
렇지만 엔제티는 이 문제를 특정 정당의 일부만이 지닌 특별
한 문제라고 생각하는 듯하다. 사실 그 밑바탕에 있는 동학은
정치 그 자체만큼이나 오래되었으며, 사회 정체성에 관한 특정
정치에 국한되지 않는다.

　엘리트 포획은 음모론을 말하는 게 아니다. 엘리트 포획
은 어느 개인이나 집단이 벌이는 무단 도용, 기회주의, 도덕적
성패보다 더욱 거대한 문제다. 엘리트 포획은 체계 수준에서
일어나는 일종의 행태로, 따라서 인구 수준에서 나타나는 현
상을 말한다. 그러므로 엘리트 포획은 개인, 집단, 하위집단이
각자 자신의 협소한 관점에 따라 수많은 상이한 목표를 추구
하며 벌이는 행동의 양상이며, 이 양상은 (예측할 수 있을 뿐 아
니라) 관측할 수 있다. 엘리트 포획은 이들이 지닌 의도라는
범위에 따라서 정의되지 않는다. 개인과 집단 간 상호작용이
지속적으로 만들어 내는 동학이 사회체계를 만들어 내고, 엘

28　Tess Bonn, "Saagar Enjeti Laments Use of Identity Politics in 2020 Democratic Race," *The Hill*,
　　November 26, 2019, https://thehill.com/hilltv/rising/472191-saagar-enjeti-laments-use-of-
　　identity-politics-in-2020-democratic-race[2024년 7월 25일 접속 확인].

리트 포획은 그러한 동학 속에서 나타나기 때문이다.

체계와 체계 수준systems-level의 문제들은 거대하고 복잡하지만, 추상적인 것은 아니다. 사회체계는 실재한다. 어쨌든 우리가 그 체계 안에 살고 있기 때문이다. 이렇듯 사회체계는 우리가 관측할 수 있으며 종종 예상할 수 있는 개체entities다. 우리 사회과학은 좋든 싫든 그것을 정확히 관측하고 예상해 보려고 노력한다. 물론 사회체계가 지나치게 복잡한 것도 사실이다. 사회체계는 물리계를 비롯한 훨씬 많은 것들을 아우르기 때문에 물리계보다도 복잡할 것이다. 그리고 사회체계에 대한 우리의 집단적 사고도 분석 대상인 체계를 구성하는 중요한 요소이다. 따라서 우리가 사물을 다르게 이해하면 연구 대상인 그 사물도 변화한다. **왜냐하면** 그 사물을 다르게 이해했다는 사실 때문이다.

그렇기에 엘리트 포획이라는 문제가 엄청난 악당이 세운 매우 사악한 계획을 넘어서는 크나큰 문제라면, 이 악당에 맞선 이들의 최선의 의도로도 해결하기 어려운 것 아닐까?

현실적으로 우리가 엘리트 포획을 이 세상에서 완전히 없애지는 못할 것이다. 자원 및 권력의 분배에 급진적인 평등을 달성하는 일 자체는 우리가 지지하는 사회운동의 이상적인 결과일 뿐이다. 그러한 평등을 달성하는 것이 사회운동의 성공보다 앞서거나 성공을 만들어 내지는 않는다. 철이 물에 닿으면 녹이 슬듯이, 다양한 시공간에서 발생하는 엘리트 포획은 사회체계가 특정 조건과 마주할 때 나타난다(3장에서 이 내용을 설명할 것이다). 하지만 이 책이 나올 수 있었던 이유는, 엘리트 포획이 일어나는 것을 인식할 수 있으면 그것을 막기 위한 선택지를 더 많이 갖게 된다고 믿기 때문이다. 이 믿음은 또 다른 중요한 문제와 연관되어 있다. 바로 최근의 정체성 정치가 엘리트 포획을 억제하기보다 더욱 부추기는 경향이 있다는 점이다. 4장에서 논의할 텐데, 존중의 정치politics of deference[29]에서는 실제로 그런 일이 일어나고 있다. 존중의 정치란 자신보다 훨씬 주변화되었다고 여겨지는 이들에게 주목, 자원, 사업을 넘겨야 한다는 에티켓을 말한다.

우리는 엘리트 포획의 여러 문제만이 아니라 엘리트 포획을 가능하게 하는 인종자본주의racial capitalism에 대응해야 한다. 그러나 우리는 존중 정치가 아니라 구성적 정치constructive politics로 이 문제에 대응해야 한다. 구성적 접근법은 과정보다 결과에 주목한다. 즉, 구성적 정치는 그저 불의에 "공모"하는

---

29 [옮긴이] 이 책에서는 Deference의 번역어로 '존중'을 채택했다. Deference는 존경이나 복종, 공손 등으로 번역되지만, 옳고 그름을 따지기 이전에 결정을 하기까지의 행동을 이해하고 그 판단을 존중한다는 의미를 강조하기 위해 존중을 번역어로 선택했다. 또한 존경으로 번역할 경우 존중 정치deference politics를 존경성 정치respectability politics와 구분하기 어려워 그렇게 했음을 알린다.

것을 피하고 순수하게 도덕적이거나 심미적인 원칙을 장려하는 것이 아니라, 구체적인 목표와 최종 결과를 추구한다. 정치철학자 마이클 도슨이 주장한 "실용적 유토피아주의pragmatic utopianism"는 구성적 접근법에 정확히 부합한다. "실용적 유토피아주의[는]… 우리가 있는 곳에서 출발하지만, 우리가 원하는 곳을 상상"한다. 그리고 실용적 유토피아주의는 오늘날 상식으로 통용되는 것에 얽매이지 않는 여러 목표들을 상식과 그 기저의 세계를 바꾸기 위한 전략 전술을 모색할 수 있는 "냉철한 정치적 현실주의"와 결합시킨다.[30]

지식과 정보에 관해 다룰 때, **구성적** 정치는 제도를 만들고 운동에 적합한 정보 수집 활동을 하는 것을 먼저 고려한다. 특정 집단과 그 집단을 대신해서 나서는 대변인들을 중심에 놓는 것이 그보다 우선시되지 않는다. 구성적 정치가 주목하는 것은 순응conformity이 아니라 책임accountability이다. 구성적 정치는 발언대나 상징으로 나타나는 중간 목표가 아니라 사회적 자원과 권력을 재분배하는 작업에 근거하여 조정된다. 구성적 정치는 방 내부나 방과 방 사이에서 일어나는 교통 흐름을 규제하는 것이 아니라 방을 구축하고 재구축하는 것에 주목한다. 구성적 정치는 정치학자 아돔 게타추가 명명한 "세계 만들기

30　Michael C. Dawson, *Blacks in and out of the Left* (Cambridge, MA: Harvard University Press, 2013), 194.

worldmaking" 프로젝트로, 이 프로젝트는 단지 사회적 연결 및 운동의 기존 구조를 비판하는 것에 머무르지 않고, 현실의 구조를 구축하고 재구축하는 것을 목표로 한다.[31]

이 책은 다른 결과를 바라는 사람들, 즉 기존의 세계체제 world system와 다를 뿐 아니라 더 나은 세계체제를 바라는 사람들을 위한 것이다. 이 책은 실용서가 아니다. 오히려 이 책이 의도하는 바는 열심히 세계를 변화시키려고 노력하는 사람들이 조직화를 어렵게 하는 몇몇 경향과 함정을 인식할 수 있도록 돕는 것이다. 그렇게 해서 이 사람들이 자신이 처한 특수한 맥락에 더욱 전략적으로 대응할 수 있도록 하는 것이다. 이를 위해서 나는 그 기저에 깔려 있는 엘리트 포획이라는 문제에 대한 관점과 그 문제에 대응하기 위한 구성적 정치를 최대한 잘 설명하려고 한다. 그런 다음에야 우리는 앞으로 나아갈 방향을 함께 결정할 수 있을 것이다.

책의 남은 부분은 왜 엘리트 포획이 중요하며 우리가 엘리트 포획에 대해 어떻게 해야 하는지 몇 가지 핵심적인 질문에 답변하는 것을 목표로 한다. 1장에서는 "엘리트 포획이란 무엇인가?"라는 질문에 대한 더욱 심도 깊은 답을 잘 설명할 것이다. 2장에서는 이 설명을 바탕으로 더 나아가 엘리트 포획

---

31 Adom Getachew, *Worldmaking after Empire: The Rise and Fall of Self-Determination* (Princeton, NJ: Princeton University Press, 2019).

엘리트 포획

이 나타나는 사회적 조건과 원인을 밝혀 보겠다. 이러한 배경 지식을 바탕으로 3장에서 우리는 어째서 존중 정치, 즉 정체성 정치를 둘러싸고 형성된 문화가 정체성 정치의 엘리트 포획을 부추기는지 이해하게 될 것이다. 마지막 4장에서는 이모든 이야기를 요약한 뒤, 구성적 정치라고 부르는 대안적인 접근법에 관한 몇 가지 생각들을 다루며 마무리하겠다.

1. 엘리트 포획이란 무엇인가?

1957년, E. 프랭클린 프레이저[1]는 논쟁적인 사회학 저작 《흑인 부르주아지*Black bourgeoisie*》를 출간한다. 다른 저작들과 마찬가지로 《흑인 부르주아지》는 선구적으로 엘리트 포획을 분석한 저작이었으며, 따라서 이를 살펴보는 것은 엘리트 포획의 기초적인 현상을 명확히 하는 데 도움이 될 것이다.

에드워드 프랭클린 프레이저는 1894년 매릴랜드주 볼티모어에서 제임스 프레이저와 메리 클라크 프레이저 사이에서 태어났다. 에드워드의 아버지는 학교에 가지 않았지만 독학으로 겨우겨우 글을 읽고 쓸 수 있게 된 사람이었다. 이렇게나 열심히 존경받을 법한 근거를 얻어 냈음에도, 제임스는 인종주의 사회에서 살아가면서 흑인 남성이 겪을 수밖에 없는 수모에서 벗어날 수는 없었다. 그렇다 하더라도 제임스는

---

1 [옮긴이] Edward. Franklin Frazier(1894-1962): 아프리카계 미국인 사회학자. 1931년에 시카고 대학교에서 사회학 박사학위를 받은 뒤 아프리카계 미국인 사회와 미국의 인종 문제에 관한 사회학적 연구를 여럿 발표하였다. 1948년에 프레이저는 미국사회학협회 최초로 아프리카계 미국인 회장을 맡았다.

자식들에게 교육의 중요성을 일깨워 주었다. 에드워드는 볼티모어의 공립학교에 다니는 동안 전심전력을 다했고 고등학교를 거의 최우수로 졸업했다. 에드워드는 그 노력에 대한 보상으로 하워드 대학교Howard University에서 장학금을 받게 된다.[2]

하워드 대학교를 우등으로 졸업하고, 에드워드는 학업을 계속하면서 강의를 하게 된다. 그는 앨라배마주에 있는 터스키기 연구소Tuskegee Institute에서 강사로 근무했고 나중에는 애틀랜타 사회복지대학교Atlanta School of Social Work에서 사회복지학 학과장이 되었다. 애틀랜타 사회복지대학교는 W. E. B. 두보이스[3]를 비롯한 흑인 학자들의 네트워크로 미국 사회학 및 흑인 사회학이 발명된 곳이다. 이 흑인 학자들의 학문적 성취가 에드워드의 후기 사상에 영향을 주었을 것으로 보이지만, 그가 대학에서 머무른 시간은 짧았다. 1927년에 해고되었기 때문이

---

2 Tony Platt, "E. Franklin Frazier Reconsidered," *Social Justice* 16, no. 4 (1989): 186–195; Malik Simba, "E. Franklin Frazier (1894–1962)," *Black Past,* January 19, 2007, https://www.blackpast. org/african-american-history/frazier-e-franklin-1894-1962/[2024년 7월 25일 접속 확인]; Arthur P. Davis, "E. Franklin Frazier (1894–1962): A Profile," *Journal of Negro Education* 31, no. 4 (1962): 429–435.

3 [옮긴이] W. E. B. Du Bois(1868-1963): 사회학자이자 역사학자, 사회운동가. 두보이스는 20세기 초 미국의 인종 분리 정책segregation을 비판하고 흑인의 참정권과 교육권 등을 흑인 인권을 증진시키기 위한 급진적 개혁이 필요하다는 입장을 갖고 있었다. 그는 1909년에 전미유색인지위향상협회를 설립했으며 범아프리카운동과 평화운동에 적극적으로 참여했다. 냉전이 시작되고 매카시즘 광풍이 불자 소련 스파이로 지목되었으며, 1961년에 가나로 이주하고 2년 뒤 사망했다.

다. 이후 에드워드는 아내 메리Marie와 함께 시카고로 이사한 뒤 피스크 대학교Fisk University에서 강의하면서 사회학 박사과정을 마쳤다. 1943년에 에드워드는 워싱턴 D.C.에 있는 하워드 대학교에 임용되었고, 죽기 전까지 그곳에 머물렀다.[4]

E. 프랭클린 프레이저는 그 당시 흑인 학자로는 매우 성공한 사람이었다. 그가 평안하게 활동했기 때문에 성공한 것은 분명 아니다. 프레이저는 흑인 가족에 대한 관점 때문에 동료 사회학자 멜빌 허스코비츠Melville Herskovits와 논쟁을 벌였으며, 이 역사적인 논쟁은 수십 년이 지난 뒤에도 계속 학문과 정책에 영향을 미쳤다.[5] 1927년에 프레이저가 애틀랜타 사회복지 대학교에서 해고당한 이유도 그의 논문 중 하나인 〈인종적 편견의 병리학The Pathology of Race Prejudice〉이 금기를 깨부쉈기 때문이었다. 이 논문은 흔히 "타자"라고 부르는 사람들을 다루기 위해 훈련받는 인류학적인 시선으로 똑같이 미국 남부의 백인들을 분석한 것이다. 여기서 프레이저는 미국 남부 백인들이 드러내는 흑인을 향한 인종주의가 일종의 광기라고 주

---

4 Tony Platt and Susan Chandler, "Constant Struggle: E. Franklin Frazier and Black Social Work in the 1920s," *Social Work* 33, no. 4 (1988): 293–297.

5 프레이저의 1939년 저작 《미국의 흑인 가족*The Negro Family in the United States*》은 흑인 미국인의 삶을 설명한 사회학 저작으로 널리 인정받는다. 다음을 보라. Randal Maurice Jelks and Ayesha K. Hardison, "Black Love after E. Franklin Frazier: An Introduction," *Women, Gender, and Families of Color* 7, no. 2 (2019): 108–112.

장한다. 아마도 이 주장이 에드워드가 순탄한 삶을 사는 데 도움이 되지는 않은 듯싶다. 그의 논문은 지역 신문 《애틀랜틱 컨스티튜션*Atlantic Constitution*》에 실렸고, 곧 에드워드는 살해 위협을 받게 된다.[6] 언제나 그렇듯 "취소 문화cancel culture"[7]가 작동했던 것이다.

하지만 E. 프랭클린 프레이저를 가장 잘 알린 논쟁은 30년이 흐른 뒤에야 벌어졌다. 1957년에 프레이저는 흑인 중간계급에 관한 사회학 연구서 《흑인 부르주아지》를 출간한다. 이 책에서 프레이저는 흑인 중간계급을 불안정하고 무기력한 집단이라고 비판한다. 그에 따르면, 흑인 중간계급은 미국 사회의 인종 지배라는 잔혹한 역사가 야기한 "열등감 컴플렉스"에 대처하기 위해 "환상"의 세계를 계속 구성하고 있다. 이러한 주장은 즉시 논쟁을 불러일으켰다. 《흑인 부르주아지》 1962년 판본 서문에서 프레이저는 초판이 출간되자마자 자신의 용기에 대해 동료들의 박수를 받았지만 동시에 폭력의 위협도 느꼈

---

6 Lori Martin, "Africana Demography: Lessons from Founders E. Franklin Frazier, WEB Du Bois, and the Atlanta School of Sociology," *Issues in Race and Society* 8 (2019): 5–28; Earl Wright and Thomas C. Calhoun, "Jim Crow Sociology: Toward an Understanding of the Origin and Principles of Black Sociology via the Atlanta Sociological Laboratory," *Sociological Focus* 39, no. 1 (2006): 1–18.

7 [옮긴이] 사회적 물의를 일으킨 유명인이나 브랜드 등에 고발과 비판을 통해 그들이 성취한 직업이나 사회적 지위를 취소cancel시키는 온라인상의 현상 혹은 운동을 지칭한다.

다고 회상한다.

프레이저가 미국의 흑인 부르주아지를 분석하던 시기에 프란츠 파농도 예비적인 정치철학 저작을 출간한다. 이 저작에서 파농은 20세기 중반의 아프리카 중간계급에 관해 논의하는데, 프레이저와 파농의 접근법은 놀라울 정도로 유사했다. 파농이 글을 쓴 당시는 제2차 세계대전이 종결된 이후 아시아와 아프리카에서 민족독립운동의 물결이 일어났던 시기로, 가능성과 정치적 문제로 가득한 때였다. 파농이 다룬 아프리카 중간계급은 탈식민지 사회의 민족적 지배 엘리트가 될 준비가 되어 있었다. 파농은 이들 부르주아지를 "생산, 발명, 건설, 노동에 종사하지 않는" "저개발 중간계급[부르주아지]"이라고 묘사하면서 이들이 "중개업자들"처럼 행동하게, 즉 "사업을 경영하면서 늘 부정부패에 얽혀들게" 될 것이라고 설명했다.[8]

이렇듯 이 탈식민 신흥 지배계급은 실패를 겪었고, 이 실패는 왜 파농이 이 계급이 반제국주의 투쟁의 에너지를 포획하고 희석시키며 궁극적으로는 전복시킬 것이라고 의심했는지 그 이유를 일부분 설명해 준다.[9] 파농은 다음과 같이 예측한다. "민족의식은 모든 사람의 마음속 희망을 아우르는 결정

8 Frantz Fanon, *The Wretched of the Earth, Constance Farrington*, trans. (New York: Grove, 1963), 149–151. [한국어판:《대지의 저주받은 사람들》, 남경태 옮김, 그린비, 2010, 158쪽]

9 Fanon, *Wretched of the Earth*, 148. [같은 책]

체가 아니며 대중 동원의 즉각적이고 명백한 결과도 아니다. 그것은 속 빈 껍데기일 뿐이고 원작의 치졸한 모작에 불과하다."[10]

이 예측은 현실이 된 것으로 보인다. 공식적인 식민 지배를 대체했던 민족독립운동은 곧 신식민주의에 부딪혔다. 신식민주의라는 조건하에서 신생국의 이 새로운 지배 엘리트들은 구 식민 세력의 기업 및 정부——그리고 그들이 지배하는 국제 체제——로부터 엄청난 제약을 받거나 혹은 적극적으로 그들과 결탁했다.[11] 이러한 독립운동의 물결이 일어난 직후인 1980년대 초에 아프리카학 연구자 조르주 은종골라-은탈라야Georges Nzongola-Ntalaja는 이 상황을 다음과 같이 요약했다.

> 대중은 독립을 이룬 뒤에 자신들의 생활조건이 개선되기를 바랐고 지도자들은 실제로 이를 대중에게 약속했다. 그러나 독립 이후 약속은 지켜지지 않았다. 이유는 많지만, 그중 하나는 반식민 투쟁이 프티부르주아지와 평범한 사람들 사이의 이해관계 갈등을 감춰 왔다는 사실 때문이다. 이러한 갈등은 독립이 되고 나서야 나타났지만, 새로운 지배자들은 자신들이 한 약속을 지키는 대신, 대중의 요

---

10   Fanon, "The Trials and Tribulations of National Consciousness," chapter 3 in *The Wretched of the Earth* (1961), Richard Philcox, trans. (New York: Grove, 2004), 97–144. [같은 책 , 157쪽]

11   Kwame Nkrumah, *Neo-Colonialism: The Last Stage of Imperialism* (New York: International Publishers, 1966).

40   엘리트 포획

구에 따라 더 많이 약속하거나 그들을 탄압하는 것으로 대응했다.[12]

어째서 (프레이저가 표현하듯이) 미국의 흑인 "룸펜부르주아지"와 신흥 아프리카 지배계급은 흑인들을 위해 체계를 개선하는 데 무능력했을까? 프레이저와 파농 둘 다 이들의 지적·정치적 실패에 주목한다.

파농은 아프리카 중간계급이 "모국의 중간계급이 하던 역할을 자신들이 더 잘 수행할 수 있다"고 믿었던 것을 언급하면서 그들이 "자아도취"와 "지적인 나태함"에 빠져들었다고 보았다.[13] 프레이저도 거침없이 비판한다. 프레이저는 흑인 언론에 대해 "중요한 의사소통 매체가 흑인 부르주아지를 위한 환상의 세계를 만들어 내고 영속화한다"며 매우 가차 없이 비판한다. 프레이저는 《시카고 디펜더 Chicago Defender》 같은 흑인 출판물과 《프레더릭 더글러스 페이퍼 Frederick Douglass's Paper》 같은 초기 노예제 폐지론 신문사들이 한 기여를 인정하긴 하지만,[14] 그럼에도 흑인 언론이 "미국 흑인들의 평등을 위해 요구

---

12 Bernard Magubane and Nzongola-Ntalaja, *Proletarianization and Class Struggle in Africa* (San Francisco: Synthesis Publications, n.d.), 57.

13 Fanon, *Wretched of the Earth* (2004 ed.), 97–144. [한국어판: 《대지의 저주받은 사람들》, 남경태 옮김, 그린비, 2010, 158쪽]

14 [옮긴이] 《시카고 디펜더》는 1905년 아프리카계 미국인 언론인 로버트 애벗Robert S.

하는 내용은 주로 흑인 부르주아지에게 경제적 이익이 되고 이들의 사회적 지위를 개선시키는 기회에 관한 것"이라고 주장했다. 그는 저명한 흑인 언론을 통제하는 엘리트들이 이 부르주아지 집단의 이익만 증진시킬 뿐 흑인 전체의 후생에는 신경을 쓰지 않았다고 주장했다. 프레이저는 어떤 흑인 의사가 미국의사협회AMA, American Medical Association 지역 기구의 장으로 선출되었을 때, 흑인 신문사들이 찬사를 보낸 것을 그 예시로 언급한다. 이 흑인 의사는 실은 전국 보건 의료 프로그램을 반대해 온 사람이었으며 미국의사협회 자체도 "의료 사회화 socialized medicine"에 반대하는 단체였다.[15] 언제나 그렇듯이 여기서 존경성 정치respectability politics[16]가 작동했다.

《흑인 부르주아지》의 중심 주장은 인종적 계층 상승을 위한 정치 전략이 대대로 내려왔다는 점에 관한 것이다. 이 정치 전략으로 언급되는 것이 바로 미국 내에 독자적인 흑인 경제를

Abbott에 의해 창립된 신문으로 미국 남부 흑인들이 짐 크로우 체제에서 받는 린치를 보도하고 인종 분리 문제를 폭로하는 역할을 했다. 《시카고 디펜더》이전에도 아프리카계 미국인 활동가들은 인종주의 철폐 기반을 확보하기 위해 신문을 활용했다. 미국 남북전쟁 전후로 노예제 폐지 운동을 이끌었던 프레더릭 더글러스도 《북극성 North Star》, 《프레더릭 더글러스 페이퍼》등의 신문을 창간하고 배포하여 흑인 인권을 신장하는 데 공헌했다.

15   E. Franklin Frazier, *Black Bourgeoisie* (New York: Free Press, 1997), 104.

16   [옮긴이] 주변화된 소수자들이 주류 문화에 동화되어 다수자들의 인정과 존경을 받는 인물이 되어서 사회적 소수자에 대한 인식을 개선해 나가야 한다는 정치를 의미한다.

건설하는 프로젝트였다. 이를 보여주는 고전적인 예시는 부커 T. 워싱턴이 주도한 전미흑인사업가연맹National Negro Business League인데, 이 단체는 1900년 매사추세츠주 보스턴에서 첫 회담을 소집하면서 흑인 사업가들 사이에서 거대한 열정과 축하를 받으며 출범했다.[17] 프레이저는 워싱턴의 접근법이 잘못된 판단이라 주장하며 이 접근법이 그 당시 아프리카계 미국인의 경제적 상황을 잘못 분석한 것에 바탕을 두고 있다고 주장한다. 전미흑인사업가연맹 개회식에 참가한 115명의 순자산 합계는 백만 달러에 못 미쳤다. 그로부터 60년 이상이 흘러 프레이저가 책을 저술하던 당시에도 미국의 흑인 소유 은행 11곳이 보유한 총자본금은 소규모 백인 도시에 있는 지역 은행의 평균 자본금에도 미달했다. 그러므로 프레이저는 아프리카계 미국인 경제라는 꿈은 언제나 헛된 것이었다고 결론 내린다.[18]

---

17 [옮긴이] Booker T. Washington(1856-1915): 사업가, 교육가, 흑인 투쟁을 이끈 지도자. 워싱턴은 흑인의 경제적 자립과 지위 향상, 교육 등을 흑인 문제를 해결하기 위한 과제로 인식하고 전미흑인사업가연맹을 설립하고 터스키기 대학교 교장을 맡는 등 해결에 힘썼다. 그러나 1895년 인종주의를 점진적으로 해결하자는 선언을 담은 애틀랜타 타협Atlanta Compromise을 내세우면서 백인 사업가들에게 환영받았으나 동시대의 급진적인 흑인 투쟁 지도자인 W. E. B. 두보이스에게는 그 보수적 접근법이 지닌 한계에 대해 비판받았다. 자세한 내용은 다음을 참고하라. 황혜성, 〈다시 보는 부커 워싱턴과 윌리엄 두보이스: 흑인 신보수주의의 등장에 비추어 본 워싱턴 인종 정책〉, 《미국사연구》 제44집, 2016, 67-102쪽.

18 Frazier, "Negro Business: A Social Myth," chapter 7 in *Black Bourgeoisie,* 153–173.

프레이저가 전국적인 흑인 경제를 건설하는 일이 수치상으로 불가능하다는 주장만 한 것은 아니었다. 그는 이런 시도가 정치적으로도 순진하다고 이야기한다. 이러한 흑인 경제를 이룩하려면 지금의 정치적 현실에서 벗어나야 하지만, 그렇게 되면 흑인 경제는 외부의 영향력에 취약하게 된다. 바로 흑인 경제가 그 취약성에 대한 해답으로 제시되었지만 말이다. 프레이저는 설령 "흑인 제품을 구매"해야 한다고 사람들을 잘 설득하더라도, 이 사람들이 포드 공장에서 일하며 벌어들인 달러로 흑인이 만든 물건을 구매하는 것이라면, 결코 흑인 경제를 만들 수 없다고 주장했다.

흑인 경제가 반흑인 인종주의에 대한 포괄적인 대응 방안이라는 미신은 어떻게 살아남았을까? 심지어 저명한 흑인 사업가들조차 흑인 경제가 사실상 불가능하다는 것을 오래전부터 알고 있지 않았는가? 프레이저는 이러한 미신이 오래 살아남은 이유가 바로 이 생각의 배후에 있는, 규모는 작지만 영향력 있는 흑인 부르주아지들의 특수한 계급적 이해관계 때문이라고 주장한다. 이 흑인 부르주아지들 중 일부는 경영주였는데, 이들은 아프리카계 미국인 경제라는 시장을 독점하기를 바라는 사람들이었다. 다른 일부는 봉급을 받는 전문직이었는데, 20세기 중반의 흑인 중간계급 중 가장 큰 비중을 차지하던 이들은 자신들이 냉전 시기 경제에서는 활용되지 않은 흑인 구매력이 지닌 잠재력을 알고 있다는 가정을 이용하여 백인이 소유한 마케팅 회사에 취업할 수 있기를 바라고 있었다.

프레이저는 흑인 언론이든 흑인 기업가든, "흑인 부르주아지는 흑인의 '해방'에는 전혀 관심을 보이지 않았다"라고 주장한다. 단지 그들은 흑인 '해방'이 "자신들의 지위나 백인 공동체로부터의 인정에 영향을 받을" 때만 관심을 보였을 뿐이다.[19] 기회만 생기면 "흑인 부르주아지는 백인들이 그러했듯이 흑인 대중을 무자비하게 착취했다."[20] 분명 프레이저의 설명에도 과장된 점이 있다. 그럼에도 프레이저의 책은 파농의 저작과 마찬가지로 엘리트 포획을 생생히 묘사한다는 점에서 여전히 가치가 있다.

프레이저의 《흑인 부르주아지》와 파농의 《검은 피부, 하얀 가면》이 부커 T. 워싱턴의 전미흑인사업가연맹과 시간상 멀리 떨어져 있듯이, 오늘날 우리도 프레이저와 파농의 시대에서 멀리 떨어져 있다. 그러나 상황은 거의 변하지 않았다. 언론학자 재러드 볼은 이러한 정치적 궤적의 현 상태를 포괄적으로 분석하면서 현재의 정치적 상황이 반세기 전에 프레

---

19   Frazier, *Black Bourgeoisie*, 235.

20   Frazier, *Black Bourgeoisie*, 236.

이저가 묘사한 상황과 상당히 비슷하다는 점을 드러낸다. 물론 몇 가지 변주가 있긴 하다. 볼이 설명하듯이 흑인 경제와 자유를 연관시키는 미신의 최신 버전은 은행가 혹은 생산자로서의 아프리카계 미국인의 경제력이 아니라 소비자로서의 경제력에만 주목한다. 이 미신에 따르면 미국 흑인은 소비자로서 1조 달러가 넘는 힘을 갖고 있으며, 이 힘을 이용하면 권력과 자유에 도달할 수 있다. 그렇지만 흑인들은 유행과 여타 무분별한 구매로 그러한 힘을 낭비하고 있다. 볼은 미국 정부와 기업 엘리트에 의해 발명된 이 "구매력buying power"이라는 개념이 흑인 사업가들과 언론 엘리트와의 암묵적인 협력 속에서 유지되고 있다고 주장한다. 이들은 프레이저가 흑인 "룸펜부르주아지"라고 지칭한 주역들과 거의 동일하다.[21] 또한 볼은 이 구매력이라는, 흑인 경제에 대한 미신의 변종이 흑인 빈민의 "금융 무지성financial illiteracy"에 주목하고 그것을 탓하게 하는 역할을 수행한다고 덧붙인다. 그러면서 그 반대편에 위치한 사람들을 착취하고 억압하며 주변화하는 사회 경제적 조건에서, 관심을 다른 곳으로 돌리도록 한다고 말한다.[22]

볼의 분석은 프레이저가 분석한 내용을 반복하고 있다.

---

21   Jared A. Ball, *The Myth and Propaganda of Black Buying Power* (New York: Springer, 2020).

22   Ball, "Introduction" in *Black Buying Power*, 1–10.

두 분석에서 나타나듯이 "흑인 경제를 위한 운동"의 배후에는 미신과 물질적 실재가 숨어 있다. 독자적인 흑인 경제가 가능하다는 주장이 미신일지라도, 좋은 지위에 있는 소수 흑인의 즉각적인 이해관계는 그 주장에 진정한 추동력을 제공한다. 그리고 두 분석에서 나타나듯이 진짜 문제인 구질서의 제도와 양상이 마치 해법인 양 등장한다.

누가 세계를 지배하는가?
바로 엘리트

프레이저와 볼 둘 다, 이렇듯 해법인 양 포장된 문제에 대해 다루면서 "정체성 정치"——"깨어 있음wokeness",[23] "취소 문화" 등 여러가지 논쟁거리 용어들——를 비판하는 이들이 흔히 실수하곤 하는 중요한 지점을 올바르게 지적한다. 이러한 정치적 공약을 비판하거나 폄하하는 사람들은 이 공약이 "부유한 백인"이나 "전문직 관리자 계급"을 향한 사회적 집착을 반영한다고 주장한다. 그들의 주장이 완전히 틀린 것은 아니다. 하지만

---

23 [옮긴이] 인종주의, 성차별, 사회적 불평등 등 여러 사회적 불의에 대해 자각한 사람임을 의미하는 속어. 주로 자신을 깨어 있는woke 사람으로 여기면서 자신이 주장하는 내용이 우월하고 상대의 주장은 열등하다고 이야기하는 사람들을 비하적으로 표현하기 위해 사용된다.

이런 사실은 그저 정체성 정치와 깨어 있음 등이 우리 삶의 **다른 모든 것들**과 공통점을 지니고 있다는 점을 말해 줄 뿐이다. 즉, 우리 사회체계의 여러 측면에서 엘리트의 이해관계와 통제가 더욱 우세해지고 있다는 점을 드러내 줄 따름이다. 그 이유는 우리가 살아가는 사회 세계에 있는 거의 모든 것이 엘리트 포획의 사냥감으로 전락하는 경향이 있기 때문이다. 달리 말하자면, 깨어 있음만이 지나치게 백인적인 게 아니다. **모든 것**이 그렇다.

물론, 백인성whiteness과 엘리트성eliteness은 완전히 다른 개념이다. 그렇지만 우리의 목적을 생각해 보면, 둘을 똑같이 취급하는 것은 타당하다. 백인성과 엘리트성은 지난 수백 년 동안 대부분 세계에서 연관되어 있었으며, 그 결과 이 둘이 우리 주변의 모든 것을 형성해 왔기 때문이다.

책에서 나는 이와 같은 엘리트성에 가장 주목한다. 어떤 사람이 엘리트가 될 수 있는지에 대한 엄격한 규칙이 존재하지는 않는다. 어떤 사람이 엘리트인 이유는 때로는 사람들이 그 사람의 사회적 정체성 중 일부 측면을 엘리트와 연관시키도록 결정했기(혹은 그렇게 할 수밖에 없었기) 때문이다. 때로는 다소 우연히 교육, 부, 사회적 위신 등의 우위를 갖고 있기 때문에, 그 사람은 엘리트가 된다. 단지 특정 공간에 있는 집단의 일원이기 때문에 엘리트가 될 수도 있다. 정치학자 조 프리먼에 따르면 "엘리트란 자신이 속한 다수 집단에 대해서 권력을 갖고 있는 소수 집단으로, 이 소수는 대개 다수에 대해 직접적인 책임을 지지 않으며 때로는 다수가 인지하거나 동의하지 않고도 권력을 행사한다."[24] 여기서 프리먼이 "엘리트"라는 지위를 안정적인 정체성으로 정의하고 있지 않다는 점을 알 수 있다. 엘리트란 소수 집단과 다수 집단 사이의 관계, 그것도 특수한 맥락에서 생기는 관계를 말한다.

엘리트 포획은 사회적 우위에 있는 소수가 다수에 도움이 되는 자원과 제도를 자신의 협소한 이해관계와 목표에 따라 이용할 때 나타난다. 이 용어는 경제학과 정치학 등 유관 분야에서 사회적 우위에 있는 사람들이 모든 이들을 위한 혜택을 통제하는 경향을 설명할 때 사용된다.[25] 이러한 맥락에서 엘리트 포획이라는 단어는 "부패"라는 더욱 친숙한 딱지와 매우 비슷하게 사용되며, 뇌물과 같이 부당한 영향력과 유사한

---

24 Jo Freeman, "The Tyranny of Stucturelessness," Jo Freeman official website, https://www.jofreeman.com/joreen/tyranny.htm[2024년 7월 25일 접속 확인].

25 그 예시로 다음을 보라. Monica Martinez‐Bravo, Priya Mukherjee, and Andreas Stegmann, "The Non‐democratic Roots of Elite Capture: Evidence from Soeharto Mayors in Indonesia," *Econometrica* 85, no. 6 (2017): 1991–2010; Pranab K. Bardhan and Dilip Mookherjee, "Capture and Governance at Local and National Levels," *American Economic Review* 90, no. 2 (2000): 135–39; Daron Acemoglu and James A. Robinson, "Persistence of Power, Elites, and Institutions," *American Economic Review* 98, no. 1 (2008): 267–293.

증상으로 나타난다.[26] 하지만 이 개념은 더욱 일반적으로 적용되어 이론상으로도 실제로도, 좋은 지위에 있고 자원이 많은 이들에 의해 정치 프로젝트가 하이재킹되는 방식을 설명해 왔다.

경제학자 디야 두타가 설명하는 것처럼, 엘리트 포획은 본질상 "권력에 대한 불평등한 접근성"을 의미한다. 즉, "일부는 (이들의 혈통, 카스트, 경제적 부, 젠더 등으로 인해) 권력을 더욱 가질 수 있고, 그로 인해 지나칠 정도로 자금/자원의 이전에까지 영향을 미칠 수 있다."[27] 공공재뿐 아니라 지식, 주목, 가치 등의 자원은 물질적 부와 정치권력과 마찬가지로 불공정하게 분배되어 있다. 더 정확히 표현하면, 이 모든 것들의 분배 양상은 비슷한 방식으로 왜곡되어 있을 뿐 아니라 비슷한 이유에 기인한다. 엘리트 포획은 권력의 균형이 기울어진 사회체계에서 나타나는 증상이다.

민주주의는 중요한가?

만일 자유주의 정치 이론이 세계를 정확히 설명한다고 가

---

26   Diya Dutta, "Elite Capture and Corruption: Concepts and Definitions," *National Council of Applied Economic Research*, 2009, 4.

27   Dutta, "Elite Capture and Corruption," 5.

정하면(실제로는 그렇지 않지만), 누군가는 대부분 세계에서 권력의 균형이 이미 양호한 수준에 이르렀다고 결론 내릴지도 모르겠다. 세계 많은 지역에서 민주주의를 자칭하고 있는 데다 무엇보다도 민주주의 체제system가 건강한 권력 균형의 전부라고 여겨지기 때문이다. 민주주의에서 표면상 엘리트(정책 결정자)는 비엘리트(시민)에 의해 임명되며, 비엘리트들은 엘리트들이 공적 이익을 수호하지 못할 경우 그들을 제거하고 교체할 수 있다. 시장이라는 미신과 마찬가지로 자유민주주의라는 미신은 정의상 자기 교정과 자기 정당화를 이룰 수 있는 것으로 여겨진다. 이러한 방식의 권력과 거버넌스에 대한 논의는 자유민주주의라는 이상과 그 실천에서 "자유"와 "자본주의"를 연결하는 프레임의 핵심을 차지한다. 말하자면, 한 나라의 자유는 직장이 아니라 오로지 투표함에서만 발견될 수 있다는 것이다.[28] 그러므로 자유민주주의를 신뢰하는 이들은 모든 곳에 존재하는 권력의 불균형이 "규칙 기반 국제질서rule-based international order", "민주적 선거", "공식적 정치 대표 체계formal political representation"와 같은 제도를 통해 조정될 수 있다고 믿는다. 요약하자면, 올바른 이상idea이 올바른 공식 체계에 구현

---

28 Wendy Brown, "Neo-Liberalism and the End of Liberal Democracy," *Theory and Event* 7, no. 1 (2003); Tyler Stovall, *White Freedom: The Racial History of an Idea* (Princeton, NJ: Princeton University Press, 2021).

된다면, 이 체계가 낳은 결과는 정당화된다는 이야기다.

분명히 하자면, **실제로** 공식적 제도는 중요하다. "공식적인 정치적 대표"와 같은 문구가 정말로 중요한 까닭은 **실제로** 공식적으로 정치적 대표가 덜 이뤄진 곳이 그것이 더 잘 이뤄진 곳과 다르게 운영되는 경향이 있기 때문이다. 하지만 이러한 문구들은 종종 의미 없는 방식으로 사용되곤 한다. 따라서 민주적 책임성democratic accountability이라는 이상을 희망으로 삼았다면, 실제로 우리가 우리 삶을 스스로 통제하겠다는 이런 낮은 기준조차도 지키지 못하고 있다는 점을 따져 봐야 한다. 이러한 자유민주주의적인 수사가 생겨난 지 수십 년이 흘렀지만, 현실의 의사결정 구조는 실질적인 민주적 책임성을 전혀 따르지 않는다.

엘리트 포획을 이야기할 때 우리는 국가 수준에서 이야기하곤 한다. 키앙가-야마타 테일러는 저서 《#흑인의생명은소중하다에서 흑인 해방으로》에서 흑인 의원 코커스Congressional Black Caucus[29]가 로널드 레이건 대통령이 추진한 1986년의 약물남용금지법을 공동 발의했던 것을 그 설득력 있는 예시로 인용한다. 이 법은 최소의무형량 기준을 확립하고 마약과의 전쟁

---

29   [옮긴이] 미국 의회의 흑인 의원들로 구성된 모임으로 1969년 결성되었다. 흑인 의원 코커스는 인종주의 철폐, 흑인 인권 신장, 흑인의 정치 참여 확대를 요구했으며 남아프리카공화국의 아파트르헤이트 반대 운동을 지원했다.

에 17억 달러를 쏟아 부으며 대규모 구금 사태를 조장했는데, 반면 복지 프로그램 예산은 삭감되었다.[30] 약물남용금지법이 제정된 덕분에 레이건주의자들과 흑인 의원 코커스 같은 흑인 엘리트들에 닥쳤던 문제가 해결되었고, 이들은 크랙 코카인 crack cocaine 유행에 대처하기 위해 바쁘게 움직이는 것처럼 행세할 수 있었다. 하지만 약물남용금지법 법안이 통과되면서 아프리카계 미국인 노동자계급은 매우 복잡한 문제 하나를 해결하는 것이 아니라 서로 얽힌 두 가지 문제를 헤쳐 나가야 할 처지가 되었다. 하나는 이러한 가혹한 조치로도 해결하지 못한 마약의 유행, 다른 하나는 약물남용금지법 제정으로 폭증한 차별적인 법집행이었다. 이러한 결과로 인해 민주당 상원의원이었던 대니얼 패트릭 모이니한Daniel Patrick Moynihan은 다음과 같은 충격적인 평가를 내리게 된다. "범죄에 대해, 우리 정치인들은 크랙만 탓하며 책임을 피하게 되었다. 교육의 실패, 열악한 복지 프로그램, 황량해진 동네, 낭비된 세월은 머릿속에서 잊혔다. 단지 크랙만 탓하게 됐을 뿐이다. 설령 크랙이 존재하지 않더라도 누군가 연방정부 보조금을 받아 크랙을 발명하고 있을 거라고 생각하게 되었다."[31]

---

30 Keeanga-Yamahtta Taylor, *From#BlackLivesMatter to Black Liberation* (Chicago: Haymarket Books, 2016), 100.

31 다음 책에서 인용했다. David Farber, *Crack: Rock Cocaine, Street Capitalism, and the Decade of*

흔히 크랙 유행에 대한 직접적인 책임은 미국 연방정부에 있다는 주장이 제기되곤 한다.[32] 그러나 정부가 적극적으로 음모를 꾸몄는지는 그리 중요하지 않다. 크랙 유행은 게으름, 냉담한 무관심, 기회주의로도 충분히 설명할 수 있다. 엘리트들은 재정 지원과 감독의 책임을 쥐고 있었으나, 자신에게 최대한 이익이 되는 것만을 생각했고, 단지 그에 따라 행동했을 뿐이다. 이 엘리트들의 결정이 그들이 대표한다고 말하는 사람들에게 부정적인 영향을 미칠 것이라고 예측할 수 있었을지라도, 그 결정을 완전히 막을 수는 없었다.

그리고 자본에 대해서도 이야기할 수 있다. 1950~1960년대에 (특히 제2차 세계대전 이후 수월하게 세계경제의 정상에 선 미국에서) 기업 경영에 중요한 혁신이 일어났다. 이윤에 목마른 주주들이 차입 매수, 기업 분할과 합병, "비핵심 사업"의 대규모 매각 등으로 사업을 재편하는 방식이 등장했다.[33] 이러한 추

Greed (Cambridge, UK: Cambridge University Press, 2019), 144.

32   Ryan Devereaux, "How the CIA Watched Over the Destruction of Gary Webb," *The Intercept*, September 25, 2014, https://theintercept.com/2014/09/25/managing-nightmare-cia-media-destruction-gary-webb/[2024년 7월 25일 접속 확인].

33   Neil Fligstein and Linda Markowitz, "Financial Reorganization of American Corporations in the 1980s," *Sociology and the Public Agenda*, 1993, 185–206; Neil Fligstein and Taek-Jin Shin, "The Shareholder Value Society: A Review of the Changes in Working Conditions and Inequality in the United States, 1976 to 2000," *Social Inequality*, 2004, 401–432; Samuel Knafo and Sahil Jai Dutta, "The Myth of the Shareholder Revolution and the Financialization of the Firm,"

세가 1980년대에 더욱 심화되면서 연구자들이 지칭한 "주주 혁명shareholder revolution"이 일어났다. 이전에는 현실에 안주했던 산업 경영자들은 이러한 경영 기법이 확산되면서 엄격한 행동주의 주주들의 규율을 따르게 되었다.[34] 이 주주 혁명의 두 번째 단계는 더 거시적인 "세계 경영 혁명"과 동시에 일어났을 뿐 아니라 그 혁명이 일어나는 데 도움을 주었다. 이 세계 경영 혁명으로 인해 "상품 및 서비스를 제공하는 수많은 기업들이 세계적인 수준에서 시스템 통합 기업systems integrators으로 집중화되는 과정이 빠르게 진행"되었다. 이제 소수 대기업에서 자기의 "핵심" 사업 모델과 자산을 바탕으로 세계 생산을 재편할 수 있게 되었다.[35]

"시스템 통합 기업"이라는 거대 기업의 정상에 있는 엘리

Review of International Political Economy 27, no. 3 (2020): 476–499; Peter Nolan, Jin Zhang, and Chunhang Liu, "The Global Business Revolution, the Cascade Effect, and the Challenge for Firms from Developing Countries," *Cambridge Journal of Economics* 32, no. 1 (2008): 42–43.

34 Doug Henwood, "Take Me to Your Leader: The Rot of the American Ruling Class," *Jacobin*, April 27, 2021, https://jacobinmag.com/2021/04/take-me-to-your-leader-the-rot-of-the-american-ruling-class[2024년 7월 25일 접속 확인].

35 크나포와 두타는 많은 기존 문헌의 주장과는 다르게 과거 플리그슈타인Fligstein의 분석을 연장하여 1980년대의 주주 혁명이 기업 경영 구조의 장기적이고 중요한 변화의 궤적 중 한 단계라고 지적한다. 이 절의 인용문은 놀런, 장, 리우의 논문을 참고했다. Knafo and Dutta, "The Myth of the Shareholder Revolution and the Financialization of the Firm"; Nolan, Zhang, and Liu, "The Global Business Revolution, the Cascade Effect, and the Challenge for Firms from Developing Countries," 43.

트들은 주주 가치 추구를 중심으로 세계 생산을 재편하는 데 그치지 않았다. 그들은 사실상 모든 것을 재편했다. 기업들은 "중재arbitration"라는 자신들만의 비밀스러운 재판 체계를 만들었고, 그 결과 산업 전체가 최소한의 법률 심사를 받는 시늉조차 하지 않게 되었다.[36] 세계 전역의, 특히 남반구의 공공 서비스 프로젝트는 "민관협력public-private partnerships"을 통해 재정을 조달해 왔다. 민관협력은 "민간 부문이 공공 서비스의 재정 조달과 관리를 약속하는 장기적인 계약 합의"였지만, 그것은 어디까지나 "국가가 그 리스크를 공유하는 한에서" 이뤄질 뿐이었다. 경제학자 은동고 삼바 실라와 다니엘라 가보르는 이러한 민관협력이 해 온 기능이 인종자본주의를 특징짓는다고 설명한다. 민관협력은 주주들을 위한 금융 안정성을 만들어 내는 대신에 세네갈과 코트디부아르 같은 나라에 사는 이들에게 금융 혹은 여타 형태의 불안정을 만들어 냈고, 이들이 비싼 민자 기반시설 사용료를 부담하도록 만들었다.[37] 설상가상으로 세계 주목 경제attention economy의 막대한 비중을 차지하는 거대 소셜미디어 테크 기업들은 어뷰징 투성이 플랫

---

36   Benjamin P. Edwards, "Arbitration's Dark Shadow," *Nev. LJ* 18 (2017): 427.

37   Daniela Gabor and Ndongo Samba Sylla, "Planting Budgetary Time Bombs in Africa: The Macron Doctrine En Marche," *CADTM*, September 18, 2021, https://www.cadtm.org/Planting-budgetary-time-bombs-in-Africa-the-Macron-Doctrine-En-Marche[2024년 7월 25일 접속 확인].

폼을 운영하고 있다. 2021년 언론인 캐런 하오는 탐사보도를 통해 트롤링 부대troll farms가 "기독교인 미국인"과 "아프리카계 미국인"을 겨냥한 최대 규모의 페이스북 페이지들을 운영하고 있으며, 페이스북 알고리즘이 수천만 명에게 정보를 제공한다는 점을 악용하여 사회 분열을 부추기고 이용하려 하고 있다는 점을 밝혀냈다. 이러한 트롤링 부대는 인도, 영국, 중남미 전역에서도 사업을 벌이고 있다.[38]

그렇지만 엘리트 포획은 국제적 수준에서 가장 분명하게 드러난다. 민주적 책임성의 시늉조차 보이지 않는 거대 국제기구들이 경제적 가능성에 관한 중대한 결정을 내리기 때문이다. 제2차 세계대전이 막바지에 달한 수년 동안, 미국이 글로벌 패권국으로 새롭게 부상하며 세계질서가 재구성되던 시기에 이러한 제도들이 등장했다. 그 제도를 설계한 이들은 뉴햄프셔주 브레턴우즈에 모여 국제통화기금IMF과, 세계은행의 전신이 되는 국제기구를 만들었다. 이 국제기구들은 협소한 "기술적인technical" 권한을 갖고 있다 할지라도 실제로는 상당한 통치력을 갖고 있다. 이 기구들은 원조 패키지를 제공할 때 원조 수원

---

38 Karen Hao, "Troll Farms Reached 140 Million Americans a Month on Facebook before 2020 Election, Internal Report Shows," *MIT Technology Review*, September 16, 2021, https://www.technologyreview.com/2021/09/16/1035851/facebook-troll-farms-report-us-2020-election/ [2024년 7월 25일 접속 확인].

국이 특정 거버넌스를 결정하는 것을 조건으로 달았다. 이들이 내리는 결정은 일자리 확보 가능성이나 공공 서비스, 식량 가격을 결정하는 데 영향을 주는 것들이었다. 따라서 비엘리트(시민)들의 삶을 이루는 기본적인 것들이 외국 관료의 손에 맡겨졌지만, 그 나라 사람들은 이 외국 관료를 민주적으로 통제할 수단을 갖고 있지 않으며 심지어 이들과 민주적인 관계라고 볼 수 있는 어떠한 관계조차도 맺고 있지 않다.[39]

1980년대에는 특히나 논란거리였던 "구조조정 프로그램"이 두드러졌다. IMF는 이 구조조정 프로그램에 따라 정부가 급히 필요한 대출을 받으려면 시장을 자유화하고 통화를 평가절하하도록 강요했다.[40] 그런데 이 정부들이 그러한 형편없는 거래를 할 만큼 대출이 필요했던 이유는 무엇이었을까? 그 이유는 대개 식민지 정부가 수 세기 동안 식민지로부터 수많은 방

---

39 Daniel Tetteh Osabu-Kle, "The Politics of One-Sided Adjustment in Africa," *Journal of Black Studies* 30, no. 4 (2000): 515–533; Jason Hickel, "Apartheid in the World Bank and the IMF," *Al Jazeera*, November 26, 2020, https://www.aljazeera.com/opinions/2020/11/26/it-is-time-to-decolonise-the-world-bank-and-the-imf[2024년 7월 25일 접속 확인]; Ngaire Woods, "Unelected Government: Making the IMF and the World Bank More Accountable," *Brookings* (blog), April 1, 2003 https://www.brookings.edu/articles/unelected-government-making-the-imf-and-the-world-bank-more-accountable/[2024년 7월 25일 접속 확인].

40 York W. Bradshaw and Jie Huang, "Intensifying Global Dependency: Foreign Debt, Structural Adjustment, and Third World Underdevelopment," *Sociological Quarterly* 32, no. 3 (1991): 321–342; Issa G. Shivji, "Samir Amin on Democracy and Fascism," *Agrarian South: Journal of Political Economy* 9, no. 1 (2020): 12–32.

엘리트 포획

식으로 많은 가치를 수탈해 왔기 때문이었다. 오늘날까지도 세계은행과 IMF는 탈식민 국가들이 고도로 약탈 증권화된 부채를 유지하도록 권장해 왔다. 이 국제기구들은 계속 재정을 통제함으로써 국가들에 필요한 원조를 정치적으로 왜곡된 대출 조건과 연결시키는 실질적인 통치 기구로 운영된다.[41]

브레턴우즈 체제를 구성하는 이 국제기구들은 민주주의라는 미덕조차 보이지 않으면서 통제권을 행사한다. 투표권이 인구가 아니라 부의 척도에 따라 할당되기 때문에 (남반구 국가의 다수를 차지하는) 중하위 소득 국가는 세계 인구의 85퍼센트를 차지함에도 투표권을 적게 갖고 있다.[42] 이러한 제도의 투표 절차는 현재의 필요가 아니라 과거의 권력 블록을 위해 왜곡되어 있다. 게다가 주로 미국과 유럽 출신인 세계은행과 IMF의 수장들은 미국과 유럽 국가들에 의해 지명되며, (설령 왜곡된 선거일지라도) 선거로 임명되지도 않는다.

세계은행과 IMF에 맞서 싸우려는 진심 어린 시도들이 없었던 것은 아니다. 수십 년 동안 라틴 아메리카 사람들은 최근에 발전한 신자유주의적 자본주의에 대응하기 위해 포퓰리스

---

41   Keston Perry, "Realising Climate Reparations: Towards a Global Climate Stabilization Fund and Resilience Fund Programme for Loss and Damage in Marginalised and Former Colonised Societies," *Social Science Research Network*, 2020.

42   Hickel, "Apartheid in the World Bank and the IMF."

트 지도자들을 선출해 왔다. 하지만 그 결과는 엇갈렸고, 실패는 유혈사태를 동반했다. 예를 들어 에콰도르는 수십 년 동안 "급진적인 자원 민족주의자들"과 "반추출주의자anti-extractivists" 사이의 갈등을 겪어 왔다.[43] 이 논쟁이 (불가피했던 건 아니지만) 일어날 수 있었던 이유는 에콰도르가 화석연료 추출에 의존하여 사회 프로젝트에 자금을 대고 국가 부채를 상환하고 있기 때문이었다.[44]

자본주의와 자유민주주의는 기능적으로는 협력해 왔지만 제2차 세계대전부터 지금까지 수십 년 동안 그 협력관계는 전 세계에서 그 대중적인 정당성과 마찬가지로 약화되고 있다. 이러한 이유로 법학자 이사 시비지Issa Shiviji는 자유민주주의가 "포위 상태에 놓여" 있다고 묘사한다. 그가 보기에 자유민주주의가 쇠퇴하는 이유는 독점자본주의가 설치한 사회학적 함정들 때문이다. 그는 "일자리 없는 성장, 불공평한 분배, 참을 수 없는 불평등" 그리고 그 결과 인구 다수가 정치체제로부터 소

---

43 [옮긴이] 2006년 에콰도르 대통령 선거에서 라파엘 코레아는 반신자유주의를 내세우면서 원주민 운동의 지지를 받아 승리하였다. 그러나 코레아 정부가 경제성장을 이룩하고 반신자유주의 정책을 실행하기 위해 광산 및 지하자원 채굴을 추진하자 원주민 운동 세력은 자신들의 동의 없이 채굴 정책을 추진하는 것에 대해 비판하며 코레아 정부와 대립하였다. 자세한 내용은 다음을 보라. 이성훈, 〈코레아 정권과 원주민 운동의 주요 갈등 요인〉, 《중남미연구》, 36권 3호, 2017, 169-194쪽.

44 Thea Riofrancos, *Resource Radicals: From Petro-nationalism to Post-extractivism in Ecuador* (Durham, NC: Duke University Press, 2020).

외된 것을 이러한 함정이라고 말한다.[45] 비슷하게 사회학자 볼 프강 슈트렉은 자유민주주의라는 이상이 수십 년에 걸쳐 무 너져 왔다고 주장한다. 슈트렉이 보기에 민주주의는 국가 전 복이나 폭력 사태로 인한 격변이 아니라 단지 엘리트가 점진 적으로 정치적인 것을 포획하는 것으로 인해 종말한다. "위기 가 잇따라 발생하고 국가의 재정 위기가 나란히 전개되자, 분 배 갈등의 장이 위쪽으로 이동하면서 시민들이 벌이는 집단행 동의 세계에서 멀리 떨어지게 되었다. 이해관계가 테크노크라 트 전문가들의 추상적 전문용어에서 '문제'로 등장하는, 동떨 어진 결정 장소로 옮겨 간 것이다."[46]

모든 규모에서 일어나는 포획

슈트렉은 엘리트 포획이 지닌 몇 가지 공통적인 특징을 민중에 의한 집합 행동의 감소, 더욱 동떨어진 결정 장소, 테 크노크라트의 등장이라고 표현한다. 이와 같은 변화는 국가 정책과 국제 정책의 수준에서만 나타나는 게 아니며 그보다

---

45 Shivji, "Samir Amin on Democracy and Fascism," 13.

46 Wolfgang Streeck, *How Will Capitalism End?: Essays on a Failing System* (London and New York: Verso, 2016), 20. [한국어판: 《조종이 울린다: 자본주의라는 난파선에 관하여》, 유강은 옮김, 여문책, 2018, 42쪽]

더 작은 수준의 단체에서도 나타난다.

그 예시로 내가 활동하는 세계, 즉 상아탑이라는 세계를 들여다보겠다. 노스캐롤라이나 주립대학교의 스티븐 퍼거슨 2세는 《아프리카계 미국인 연구의 철학*Philosophy of African American Studies*》에서 흑인 연구Black studies에서 벌어지는 엘리트 포획에 대해 설명한다. 흑인 연구는 1960~1970년대에 있었던 급진주의 학생운동 덕분에 등장할 수 있었다. 하지만 그 뒤로 흑인 연구는 "관료주의적 부속품으로 변모했으며, 학문은 행정가들에 의해 통제되었을 뿐 여기에 학생이나 흑인 노동자계급 공동체의 민주적 참여는 사실상 이뤄지지 않았다."[47]

이러한 특징은 상아탑이 흑인 정치에 영향을 미칠 때만 나타난 것은 아니었다. 컴바히강공동체가 결성된 이유 중 일부는 여러 중첩되는 차이의 축을 넘어서는 연대가 실패했기 때문이었다. 즉, 흑인 해방 투쟁 내에서 젠더에 따른 차이, 여성해방운동 내에서 인종에 따른 차이, 흑인 페미니스트 조직 내에서 섹슈얼리티에 따른 차이를 넘어서는 연대가 실패했기 때문이다. 이러한 갈등만이 아니라 이 갈등에서 드러나는 여러 형태의 엘리트 포획도 당시 새로운 것이 아니었다. 앤절라 데이비스의 《여성, 인종, 계급》에는 노예제 폐지 운동과 초기 여성

---

47 Stephen Ferguson II, *Philosophy of African American Studies: Nothing Left of Blackness* (New York: Springer, 2015), 36.

권 운동이 일어나던 19세기에도 좋은 지위에 있던 페미니스트들에 의한 포획이 이뤄졌다는 훌륭한 분석이 담겨 있다.[48] 몇몇 학자들은 E. 프랭클린 프레이저 본인도 이러한 경향 중 일부를 드러내는 예시라고, 그가 지나칠 정도로 여성 가장 가구가 많아진 것과 흑인 공동체의 여러 사회적 문제를 연관 짓고 있다고 주장한다.[49]

혹은 엘리트 포획을 다른 맥락에서 살펴보는 대신, 정체성의 위치를 서로 바꾸면서 엘리트 포획을 이해해 볼 수도 있겠다. 즉, 인종 연구의 계급 정치에 관해 생각해 보는 대신에 계급운동의 인종정치를 이야기할 수도 있을 것이다. 그럴 때 우리는 백인(인종적 엘리트)이 사회주의 조직, 노동조합 등 단

---

48 Angela Yvonne Davis, "The Anti-slavery Movement and the Birth of Women's Rights," chapter 2 and "Class and Race in the Early Women's Rights Campaign," chapter 3 in *Women, Race, and Class* (New York: Vintage, 1983), 30–69. [한국어판:《여성, 인종, 계급》, 황성원 옮김, 아르테, 2022, 67-119쪽]

49 《여성, 인종, 계급》에서 앤절라 데이비스가 이러한 혐의를 제기한 것이 가장 유명하지만, 이후에도 이 혐의는 수십 년 동안 논쟁거리였다. Angela Yvonne Davis, *Women, Race, and Class* (New York: Vintage, 1983), 14. [한국어판:《여성, 인종, 계급》, 황성원 옮김, 아르테, 2022, 44쪽] 프레이저의 설명을 가부장제와 연결하는 분석은 다음을 참고하라. Anastasia Curwood, "A FRESH LOOK AT E. FRANKLIN FRAZIER'S SEXUAL POLITICS IN THE NEGRO FAMILY IN THE UNITED STATES," *Du Bois Review: Social Science Research on Race* 5, no. 2 (2008): 325–337, https://doi.org/10.1017/S1742058X08080193. 셈스는 프레이저를 변론한다. Clovis E. Semmes, "E. Franklin Frazier's Theory of the Black Family: Vindication and Sociological Insight," *J. Soc. & Soc. Welfare* 28, no. 2 (2001): 3.

체들의 의사결정 과정을 포획하는 경향이 있다는 점을 발견할 수 있다.[50]

　　엘리트 포획은 흑인 정치에서만 일어나는 독특한 일이 아니다. 그 예시로 지난 수십 년간의 퀴어 정치를 살펴보자. 〈동성 결혼을 원합니까? 피트 부티지지가 곁에 있습니다You Wanted Same-Sex Marriage? Now You Have Pete Buttigieg〉라는 적절한 제목이 붙은 기사는 이러한 점을 드러내 준다. 버즈피드BuzzFeed에서 활동하는 작가 섀넌 키팅은 주류 퀴어 정치가 보여 온 점진적인 궤적에 대해 탄식한다. 주류 퀴어 정치는 1969년 스톤월 봉기Stonewall riots[51]에서 극명히 드러난 더욱 급진적이고 진보적인 요소와 뉴욕의 액트 업ACT UP, AIDS Coalition to Unleash Power[52]이 보여

50　Dawson, *Blacks in and out of the Left*.

51　[옮긴이] 1969년 6월, 뉴욕 경찰이 스톤월 인Stonewall Inn을 급습하여 성소수자와 그 지지자를 체포하고 조롱하면서 이들에게 폭력을 행사하자 사람들이 이에 저항한 사건. 스톤월 봉기에 참여한 이들은 경찰의 폭력과 최루가스 공격을 받았지만 4일 동안 스톤월 인에서 저항을 이어 나갔다. 스톤월 봉기를 계기로 미국에서 게이해방전선Gay Liberation Front이 결성되고 성소수자 운동이 본격적으로 가시화되었다. 봉기가 일어나고 1년이 흐른 1970년부터 매년 6월 자긍심의 달Pride Month에 스톤월 봉기를 기념하고 성소수자로서 자긍심을 표현하는 행진이 계속되고 있다.

52　[옮긴이] 1987년 뉴욕에서 결성된 단체. 액트 업은 에이즈 문제가 단순히 성소수자, 특히 게이만의 문제가 아니며 여성, 인종, 계급의 문제와 연관되어 있음을 드러냈다. 액트업은 미국 사회에서 남성중심적이고 이성애 규범적인 에이즈 담론을 비판하는 것을 넘어 주류 에이즈 담론에서는 배제되어 온 여성의 HIV 감염에도 주목할 것을 요구했다. 또한 액트업은 보편적 건강보험을 실현할 것을 주장하며 인종과 계급, 젠더 등에 따른 의료 서비스 접근성 격차를 극복할 것을 요구했다. 자세한 내용

준 전투적인 조직화로부터 멀어지고 있다. 그리고 주류 퀴어 정치는 부티지지와 같은 민주당 정치인에 의해 대표되고 그들처럼 대우받겠다는 동화주의적 목표를 향하고 있다. 즉, 텔레비전에 나오는, 일부일처제를 따르며 경제적으로 안정적일 뿐 아니라 노골적으로 기독교를 따르는 백인 정치인처럼 말이다. 키팅이 말하듯이 "퀴어들이 출세하기 위한 최선의 방안은 여전히 **다른 사람들과 똑같이** 행동하는 것으로 보인다."[53] 컴바히 강공동체를 처음 조직한 이들 중 한 사람(1장에서 다룬 "정체성 정치"라는 용어를 발명한)인 바버라 스미스는 이런 이유에서 주류 LGBTQ 운동에 적극적으로 참여하는 것을 그만두었다.[54]

불균등한 권력 분배를 잘 살펴보면, 우리는 그 규모나 맥락과는 상관없이 엘리트 포획의 양상을 결국 발견하게 된다. 정치적 현실을 묘사하고 정의하고 창조하기 위한 자원에 대한 권력을 가지고서 그 자원을 이용할 수 있는 엘리트라는 하위

은 다음을 확인하라. 고강일, 〈에이즈 담론과 액트 업〉, 《영미문학연구 안과 밖》 54호, 2023, 91-116쪽.

53 Shannon Keating, "You Wanted Same-Sex Marriage? Now You Have Pete Buttigieg," *BuzzFeed News*, December 11, 2019, https://www.buzzfeednews.com/article/shannonkeating/pete-buttigieg-marriage-equality-lgbtq-gay-rights[2024년 7월 25일 접속 확인].

54 Barbara Smith, "Barbara Smith: Why I Left the Mainstream Queer Rights Movement," *New York Times*, June 19, 2019, https://www.nytimes.com/2019/06/19/us/barbara-smith-black-queer-rights.html[2024년 7월 25일 접속 확인].

집단은 적절한 견제나 제약을 받지 않는다면 그 집단의 가치를 포획해 버릴 것이다. 그리고 엘리트들은 자신들의 이해관계를 과도하게 대표하는 협소한 사회적 프로젝트에 사람들이 협조하도록 만들 것이다. 엘리트가 주도하게 되어 버리면, 이 집단이 지닌 이해관계는 기껏해야 그 집단 구성원들이 최상층에 있는 이들과 공유하는 이해관계로 축소될 뿐이다. 최악의 경우, 엘리트는 그저 자신들만의 협소한 이익을 위해 싸우는 데 집단 연대라는 기치를 이용하기도 한다.

이번 장에서는 내가 서문에서 주장했던 바를 보완해 보려고 했다. 즉, 엘리트 포획은 흔하게 찾아볼 수 있는 정치적 문제이지 반인종주의 정치나 정체성 정치에서만 마주하는 특수한 문제가 아니라는 점이다. 엘리트 포획이 우리가 살아가는 전 지구 사회체계 전반에서 나타난다는 **사실**을 알아차리는 것은 좋은 출발점이다. 하지만 우리가 엘리트 포획에 관해서 무언가를 해 볼 계획이라면, 그렇게 된 **이유**를 알아보는 것도 도움이 될 것이다.

앤 엘리자 리들Anne Eliza Riddle은 흔치 않은 자리에 있었다. 아마도 여주인이 유달리 열광적으로 독서를 했기 때문일 수도, 혹은 앤이 유달리 피부가 하얗다는 사실 때문일 수도 있다. 루머에 따르면 앤의 조부 중에 백인이 있었다고 한다. 그렇다면 여주인은 앤의 숙모였을 것이다. 경위야 어떻든 간에 여주인은 법을 어겼고, 그래서 앤은 흔치 않은, 글을 읽을 줄 아는 흑인 노예가 되었다.

농장주 가족이 작은 친절을 베푼 것은 훌륭한 일이었지만, 인종적 노예제라는 험난한 현실은 이 훌륭함을 무색하게 만들었다. 농장주 가족은 앤이 청소년기에 접어들 때 경제적으로 어려움을 겪게 되자 앤의 어머니와 어린 두 남동생을 팔아 버리겠다고 협박했다. 십 대였던 앤은 용감하게도 자기 가족과 함께하려고 자기 자신을 경매에 내놓았다. 하지만 그녀는 비싼 값에 팔리지 못했다. 그래서 농장주 가족은 원래 계

획대로 했고, 이렇게 비극적이게도 앤의 가족은 찢어졌다.[1]

몇 년 후, 남북전쟁이 일어난다. 그때 제임스 헨리 우드슨 James Henry Woodson도 남부연맹Confederate의 영토에서 흔치 않은 자리에 있게 된다. 그는 도망 중이었다. 제임스의 주인은 어느 남자에게 제임스와 그의 노동력을 빌려주었고, 이 남자는 제임스에게 도랑을 파라고 시켰다. 하지만 제임스는 남은 시간 동안 덫과 가구를 만들며 돈을 벌었다. 어느 날 이 남자는 제임스가 다른 일에 열중하고 있는 광경을 보았고, 모욕을 느끼고 분노하여 제임스를 채찍으로 후려치려고 했다. 하지만 제임스는 북부연합군이 근처에 있다는 것을 알고 있었다. 그는 남자의 뒤통수를 치고 주인의 집으로 도망갔다. 제임스는 이 상황을 "사이가 틀어졌을" 뿐이라고 해명했지만 화난 노예주에게 그 이야기는 더 큰 문제의 전조처럼 들렸다. "사이가 틀어졌다고! 그게 문제야! 아주 자기 마음대로 하는구만! 자유롭게!" 백인 노예주가 소리쳤다. 제임스는 이렇게 대답했다. "그래, 우리는 자유야…. 그리고 네 놈이 나를 방해한다면 죽여 버릴 거야. 이 악마야." 제임스는 다시 그곳을 떠난다.[2]

백인 농장주를 위협하고 나서, 제임스는 그저 농장주를

1 Robert F. Durden, "In the Shadow of Slavery," *The Life of Carter G. Woodson: Father of African-American History* (New York: Enslow Publishers), 8–19.

2 Durden, *Life of Carter G. Woodson*, 8–19.

피해 도망치기만 하지 않았다. 제임스는 버지니아주 리치먼드에 가면 북부연합군을 발견할 수 있을 거라는 이야기를 듣고 동쪽으로 갔다. 제임스는 실제로 군인 몇 명을 만나 그들에게 자신의 이야기를 전했다. 제임스는 먼저 최근에 자신을 채찍질하려 했던 남자에게 군인들을 데려갔고, 군인들은 이 농장주를 "처벌"했다. 그 뒤에 제임스는 군인들을 여러 남부연맹 보급소와 창고로 데려갔고, 북부연합군이 남부연맹군의 보급품을 약탈할 수 있게 도와주었다. 제임스는 남북전쟁의 나머지 기간 동안 똑같은 방식으로 북부연합군을 위해 정찰 활동을 한다. 그렇게 제임스는 사보타주를 일으키고 노동을 멈추며 무력으로 싸웠던 많은 아프리카계 미국인 노예들의 대열에 참여했다. W. E. B. 두보이스의 표현을 따르면, 이 "총파업"은 남부연맹을 물리치고 인종적 노예 체제를 파괴하는 데 일조했다.[3]

남북전쟁이 끝나고 1867년에 앤과 제임스는 결혼한다. 의지가 굳센 이 부부는 소작일을 하며 돈을 긁어모았고, 웨스트버지니아주에서 작은 농장을 샀다. 1875년에 이 부부는 이

---

3   Durden, *Life of Carter G. Woodson*, 8–19; W. E. B. Du Bois, *Black Reconstruction in America: Toward a History of the Part Which Black Folk Played in the Attempt to Reconstruct Democracy in America, 1860–1880* (New York: Harcourt Brace, 1935); Guy Emerson Mount, "When Slaves Go on Strike: W.E.B. Du Bois's Black Reconstruction 80 Years Later," *Black Perspectives*, December 28, 2015," https://www.aaihs.org/when-slaves-go-on-strike/[2024년 7월 25일 접속 확인].

곳에서 넷째 아이 카터 고드윈 우드슨[4]을 낳았다. 농장 생활은 모든 가족이 합심해야 할 정도로 고된 일이었지만, 앤은 카터와 그의 형제자매들이 교육을 받을 수 있게 했다. 매년 이 아이들은 4개월 동안 앤의 두 형제가 운영하는 교실에서 시간을 보냈다. 이 두 형제는 앤과 마찬가지로 글을 읽을 줄 알았다. 즉, 카터는 과거 노예의 자식이면서 이 노예의 제자이기도 했다.[5]

열일곱 살이 된 카터는 웨스트버지니아주에 있는 석탄 광산에서 일하게 된다. 카터의 동료 중 하나였던 어느 흑인 남북전쟁 베테랑이 카터가 글을 읽을 줄 안다는 걸 알게 되고, 이 흑인 광부는 어떤 계획을 세운다. 광부들은 돈을 모아 아프리카계 미국인이 운영하는 《리치먼드 플래닛*Richmond Planet*》과 백인이 발간하는 여러 일간지를 구독하기 시작했다. 카터는 신문을 큰 소리로 이 사람들에게 읽어 주었다. 이러한 독서 토론 모임 덕분에 카터는 더 넓은 세계를 더더욱 알 수 있게 되었다.

카터는 여기서 멈추지 않았다. 그는 4년치 고등학교 과정을 2년만에 수월히 해냈고 베레아 대학교Berea College에서 학부

---

4   [옮긴이] Carter Godwin Woodson(1875-1950): 아프리카계 미국인 역사가이자 언론인. 아프리카계 미국인의 역사를 처음으로 연구한 역사학자이며 미국에서 2월마다 흑인사의 달Month of Black History을 기념하고 흑인사 교육이 대중화되는 데 공헌했다.

5   Jarvis R. Givens, "Fugitive Pedagogy," in *Fugitive Pedagogy* (Cambridge, MA: Harvard University Press, 2021), 4.

과정을 밟았다. 베레아 대학교는 1855년에 노예제 폐지론자 존 피John Fee가 설립했으며 미국에서는 흔하지 않던 흑백 통합 대학교였다. 카터는 학교를 다니면서 처음에는 광부의 아이들을 가르치는 학교 강사를 맡았고 나중에는 아프리카계 미국인을 위한 학교의 교장을 맡았다.[6] 1898년, 미국-스페인 전쟁에서 승리하면서 미국은 스페인령이던 필리핀 식민지를 차지하게 되었다. 미국 시민이었던 카터는 이 새로운 식민지에서 낮에는 영어를 가르치고 농사를 지으며 돈을 벌고 밤에는 스페인어, 프랑스어, 유럽사를 배웠다.

카터는 이렇게 얻은 지식과 돈으로 아시아, 아프리카, 유럽을 돌아다녔다. 그는 가는 곳마다 현지의 교육체계에 대해 배웠고 현지 역사를 다룬 강의에 참석했다. 1907년에 미국으로 돌아온 카터는 학자가 되어 흑인에 관한 역사의 침묵을 바로잡자고 결심한다. 미국사는 인종주의적인 이유로 아프리카계 미국인을 배제했으며, 아프리카 역사에 관한 무지와 무관심도 널리 퍼져 있었다.[7] 그는 시카고 대학교에서 두 번째 학사와 석사 학위를 취득한 뒤 하버드 대학교에 등록하여 역사학 박사 학위를 받았다. 카터는 W. E. B. 두보이스에 뒤이어 하버드 대

---

6   Durden, "Student, Teacher, Traveler," chapter 3 in *Life of Carter G. Woodson*, 20–25.

7   Durden, *Life of Carter G. Woodson*, 20–25.

학교에서 박사 학위를 받은 두 번째 아프리카계 미국인이 되었다.[8]

카터 G. 우드슨은 박사 학위가 있었지만 학계에서 평온하게 살아갈 운명이 아니었다. 그는 자신의 기준에 타협하지 않았고, 그렇기 때문에 자신의 학문적 경력에 도움이 될 수 있었을 많은 사람들과 대립했다. 1919년에 하워드 대학교에 갓 부임한 뒤, 카터는 이 대학교에서 최초로 아프리카계 미국인 역사 수업을 개설했다. 그다음 해에는 주요 일간지에 자신의 고용주를 비판한 것 때문에 학교 당국의 조사를 받게 된다. 당시는 적색 경보—1917년 러시아 혁명은 전 세계의 엘리트들을 경악케 했다—가 정점에 있던 시기였고, 상원의원 리드 스무트Reed Smoot는 하워드 대학교가 "볼셰비키와 소비에트"에 관한 팸플릿을 도서관에 소장하고 있다며 비판했다.[9] 하워드 대학교 총장은 이 팸플릿을 장서 목록에서 제외하라고 지시했지만, 이런 지시에 카터는 조용히 있지 않았고, 곧 일자

---

8 "Key Events in Black Higher Education," *Journal of Blacks in Higher Education* official website, n.d., https://www.jbhe.com/chronology/[2024년 7월 25일 접속 확인].

9 Durden, "Launching Negro History Week, chapter 6 in *Life of Carter G. Woodson*, 47–63; Robert F. Schwarzwalder, Jr., "Francis J. Grimke: Prophet of Racial Justice, Skeptic of American Power," excerpt (PhD diss., University of Aberdeen, 2021), accessed at Regent University Library Link (blog) on March 21, 2021, https://librarylink.regent.edu/francis-j-grimke-prophet-of-racial-justice-skeptic-of-american-power/[2024년 7월 25일 접속 확인].

리를 잃게 되었다.

하지만 고용되었든 아니든, 카터 G. 우드슨은 학자로서 살아갔다. 그는 이미 《흑인사학회보*Journal of Negro History*》를 발간하고 있었고 이 학술지를 통해 아프리카계 미국인 역사에서 선도적인 작업을 이어 나갔다. 그는 자신의 기준에 맞는 학문적 성과를 만들어 내고 조라 닐 허스턴Zora Neale Hurston을 비롯한 젊은 신흥 학자들을 지원했다. 그는 또한 풀뿌리 단체의 모금 활동에 도움을 받아 '흑인의 삶과 역사 연구협회Association for the Study of Negro Life and History'를 창설했다(오늘날 이 협회는 '아프리카계 미국인의 삶과 역사 연구협회Association for the Study of Negro Life and History'로 알려져 있다).[10] 이 단체는 고등학교의 흑인사 클럽, 연극 연출, 포스터를 통해 미국 전역에 흑인사에 관한 지식을 전파했다.[11] 전국의 흑인 교육가들이 흑인 학생의 학습 내용에 대한 백인의 통제를 무너뜨리기 위해 비밀리에 활용한 책 중에는 카터 G. 우드슨의 책도 있었다. 이 모든 노력은 지

---

10 [옮긴이] 카터 G. 우드슨은 노예제 폐지 운동을 벌인 프레더릭 더글러스와 노예해방법을 제정한 링컨 대통령의 생일이 있는 2월 둘째 주를 '흑인사 주간Negro History Week'으로 선포하고 학생들이 흑인사를 배울 수 있도록 했다. 이후 1976년 미국 제럴드 포드 행정부는 매년 2월을 흑인사의 달로 선포한다. 자세한 내용은 다음을 보라. 최재인, 〈미국 역사 교육의 쟁점과 전망-아프리카계 미국인 역사 교육을 중심으로〉, 《역사비평》 110호, 2015, 232-257쪽.

11 Daryl Michael Scott, "The History of Black History Month," *Black Past,* January 14, 2010, https://www.blackpast.org/african-american-history/history-black-history-month/.

적 반란을 일으킨 흑인 학자들과 교육가들의 실천으로 이뤄진 광범위한 네트워크에 기여했으며, 교육학자 저비스 기븐스 Jarvis Givens는 이 네트워크를 "도망자의 교육학fugitive pedagogy" 이라고 불렀다.[12]

하워드 대학교의 역사학자 대릴 마이클 스콧Daryl Michael Scott에 따르면, 카터 G. 우드슨은 "과학적 역사"를 출판하는 일이 인종 관계를 변혁할 것이라고 믿었다. 스콧은 수년 뒤 일어난 미국 시민권 운동에서, 역사에 대한 카터의 접근법을 조직가들이 미국 남부에 세운 자유학교Freedom Schools[13]에서 가르쳤다고 지적한다. 스콧이 설명하듯이 "흑인사 운동Negro History movement이라는 지적 반란은 인종 관계를 변혁하기 위한 더 큰 노력의 일환이었다."[14]

그런데 왜 카터는 지적 운동이 정치 구조에 중대한 도전을 제기할 수 있을 것이라고 생각했을까?

---

12 Givens, "Fugitive Pedagogy."

13 [옮긴이] 미국에서 시민권 운동이 일어나던 1960년대에 주로 남부 주에서 아프리카계 미국인을 대상으로 이뤄진 교육운동이다. 1964년 미시시피주에서 아프리카계 미국인 활동가들은 아프리카계 미국인들이 유권자로 등록할 수 있도록 하는 교육운동인 자유 여름Freedom Summer 활동을 시작했으며, 이 교육운동은 전국적으로 확대되었다. 자세한 내용은 다음을 보라. 브루스 왓슨 지음, 《프리덤 서머, 1964: 자유와 정의, 민권운동의 이정표》, 이수영 옮김, 삼천리, 2014.

14 Scott, "The History of Black History Month."

카터 G. 우드슨은 역사학자일 뿐 아니라 틀림없는 철학자이기도 했다. 그의 많은 저작에서 이런 점이 드러나지만 특히 1933년 저서 《잘못된 흑인 교육*The Mis-Education of the Negro*》에서 더욱 분명히 드러난다. 책에서 우드슨은 엘리트 포획이 사회의 교육체계를 어떤 식으로 구조화하는지 설명한다. 우드슨의 날카로운 통찰이 제공하는 청사진은 우리의 사회적 삶 전반에서 여러 층위와 맥락에서 일어나는 과정을 더욱 일반화하여 보여준다.

앞 장에서 나는 엘리트 포획이 엄청난 수준으로 일어나고 있다고 지적했다. 우리들 중 가장 사회적 우위에 있는 이들이 제도와 자원, 심지어 정치적 의제까지 상당히 많은 것들을 직접적으로 통제하며 여기에 막대한 영향을 미친다는 점을 지적했다. 하지만 아직 엘리트 포획의 본질적 **정의**를 풍부하고 세련되게 설명하지는 않았다. 이 정의를 이해하면 인간의 사회적 삶의 매우 다양한 부분, 즉 교육체계에서 부동산 시장까지 그리고 활동가 집단의 내부 동학이라는 소규모 차원에서 정부라는 대규모 차원까지 엘리트 포획이 나타나는 이유를 설명할 수 있을 것이다. 하지만 더욱 중요한 점은 엘리트 포획의 정의를 이해하면, 엘리트 포획을 발견했을 때 그것을 식별하는 데 도움을 받을 수 있다는 점이다. 엘리트 포획을 식별할 수 있다면, 적어도 우리의 운동과 우리 자신의 삶에서 엘리트 포획이 낳는 최악의 과오를 막기 위한 전략을 세우는 데도 도움이 될 것이다.

몇몇 철학자와 게임 이론가들과 함께 우화를 탐구해 보면, 엘리트 포획이 무엇인지 분명히 하는 데 도움이 될 것이다. 마찬가지로 우리가 어디서든 엘리트 포획을 발견하게 되는 이유 또한 알아차릴 수 있을 것이다.

우리가 서 있는 기반

분명 모두 다 벌거벗은 임금 이야기를 들어 봤을 것이다. 안데르센이 들려주듯, 신하들은 임금에게 옷걸이를 주면서 이 옷걸이에 신비한 옷감으로 만든 옷이 걸려 있다고 말한다. 그리고 무능하거나 바보 같은 사람에게는 이 옷이 보이지 않는다고 한다. 사실 이 옷걸이에는 아무것도 걸려 있지 않지만 말이다. 임금은 그 "옷"을 입고 벌거벗은 채로 마을을 행진한다. 백성들은 눈에 보이는 임금의 벌거벗은 모습을 지적하면 자신들의 무능과 무지가 드러난다는 미신을 들었기에, 어느 누구도 감히 명백히 보이는 것을 지적하려 들지 않는다. 실제로는 있지도 않은 옷의 "끝자락"을 잡고 있던 신하들조차도 지적하지 않는다. 임금이 축하 행렬의 보위를 받으며 마을을 행차하는 동안에도 이 주문은 계속된다. 결국 한 어린아이가 이렇게 소리친다. "하지만 임금님, 아무것도 안 입었잖아요." 주문은 깨져버린다.

대부분의 우화가 그렇듯, 이 이야기는 우리에게 사회 세계에 대한 깊은 통찰을 압축적으로 보여준다. 하나는 권력이 우리들 사이에 이뤄지는 상호작용을 구조화하는 방식에 대한 것이다. 우리는 억압적인 사회적 위계와 사회구조를 설명할 때 이것을 진실된 마음에 근거해서, 즉 신념, 태도, 완전히 확고한 이데올로기에 근거해서 설명하기 쉽다. 이런 식으로 현상을 이해하면, 인종주의란 세계 안에서 누군가의 ("우월한" 존재로서 혹은 "인간"으로서) 지위에 관한 사고방식이자 다른 이들의 지위에 관한 일련의 신념들로 이해된다. 여성혐오 misogyny도 남성성과 여성성을 (전자를 과대평가하고 후자를 멸시하는 식으로) 바라보는 한 가지 방식으로 이해하게 된다.

이렇게 이데올로기나 신념을 통해 현상을 이해하는 방식에도 장점은 있다. 우리 자신에 대한 진정한 믿음, 이 세상의 모습, 서로에게 진 빚, 이 모두가 우리가 세상을 살아가는 방식에 **영향을 미치기** 때문이다. 하지만 각자가 진실과 선이라고 간주하는 것이 구체적인 일상적 상호작용을 관리하는 방식과 관련되어 있을지라도, 실제 그 관련성은 이 접근법이 주장하는 것에 비하면 훨씬 더 미약하다. 벌거벗은 임금 이야기는 우리에게 이러한 통찰을 알맞게 전달해 준다.

임금과 군중 사이의 상호작용은 우리가 어떻게 이야기를 나누고 상호작용하며 세계를 함께 건설해 나가는지 한 가지 예시를 드러낸다. 말, 몸짓, 행색은 그 자체로 해석되지 않는다. 언행에 대한 해석은 언행을 하는 사람들과 그 언행을 관찰하는 사람들이 언행으로부터 무언가를 이끌어내는지에 달려 있다. 의사소통은 "공동 행동"의 일종이며, 각 개인은 **우리가** 함께 하는 행동에서 각자의 역할을 수행한다.[15] 따라서 언어철학자들은 우리가 의사소통하려면 무언가를 공유해야만 한다고 종종 강조한다. 우리가 공유하고 있는 것들 중에는 정보가 있다. 애초에 대화를 시작할 때마다 매번 밑그림부터 다시 그려 세계에 대한 개념상을 만드는 것부터 해야 한다면, 흥미로운 이야기를 나누기도 매우 복잡한 일을 하기도 어려울 것이다. 그 대신에 우리는 의사소통하면서 특정한 "공통 믿음" 혹은 "상호적 믿음"을 전제한다. 즉, **나도** 알고 **당신도** 알 뿐 아니라 당신이 안다는 점을 나도 알고I-know-that-you-know, 내가 안다는 점을 당신도 안다you-know-that-I-know는 것을 전제한다는 말이

---

15 이 용어는 허브 클라크의 용어이다. 다음을 보라. Herb Clark, *Using Language* (Cambridge, UK: Cambridge University Press, 1996).

　　　　　엘리트 포획

다.[16]

철학자 로버트 스탈네이커는 이러한 공공 지식을 "공통 기반common ground"이라고 부른다. 공통 기반은 비유하자면 대화에 참여하는 이들이 사회적 상호작용을 구축하고 수행하기 위해 활용하는 공유 자원이다.[17] 세계를 살아가면서, 우리 밑에 깔린 이 "기반"도 변화한다. 우리는 정보와 관점을 공유하면서 그 공통 기반에 온갖 것들을 덧붙인다. 우리는 주변에서 일어난 사건에 집단적으로 반응하고, 그 집단적 반응은 시간이 지나며 새로운 공통 기반을 창출한다. 그리고 우리는 언어를 통해 개인에 관한 루머에 대응하는 것부터 오랜 문화적 통념을 바꾸는 것까지, 공통 기반에 도전하고 그것을 재구성하며 공통 기반을 변화시킨다. 이러한 각각의 상호작용은 우리가 공적이고 공유된 것으로 간주하는 지식을 변화시킨다.

이러한 공공 지식이 중요한 이유는 바로 우리가 이러한 지식을 갖고 하는 일 때문이다. 우리는 사회적 맥락에 따라 행동하면서 공통 기반 위에 있는 정보를 **마치 진실인 것처럼** 취급한다. 즉, 우리는 그 정보를 공적 행동에 필요한 전제로 취

---

16   Robert Stalnaker, *Context* (Oxford: Oxford University Press, 1966), 68, 78.

17   Robert Stalnaker, "Common Ground," *Linguistics and Philosophy* 25 (2002): 701–721; Stalnaker, *Context*.

급한다.[18] 이러한 공통의 가정들은 사회적 삶을 살아가면서 아주 흔히 사용된다. 우리가 식사 자리와 사회화에 대한 수많은 가정을 공유하고 있는 것을 보라. 가령 내 파트너가 오늘 저녁 식사에 친구들이 온다고 알려 준다면, 나는 요리를 더 많이 만들고 저녁 식탁에 여석을 만들어 놓을 것이다. 비슷하게 우화에서도 마을 사람들은 벌거벗은 임금이 옷을 입은 것처럼 가정하며, 그 가정을 환호라는 공유된 활동에 필요한 전제로 삼고 있다. 그렇기에 그들이 환호를 보내기로 선택한 이유도 일부분 이해된다. 하지만 우화의 설정이 극적으로 드러내는 것처럼 무언가를 진실인 양 행동하는 이유에는 온갖 것들이 존재한다.[19] 진정한 믿음은 여러 가지 가능한 이유 중 하나에 불과하다.

소셜미디어가 등장하면서, 우리는 항상 의사소통에 관한 진실로 여겨 왔던 것에 각별한 주의를 기울이게 되었다. 우리가 서로 이야기를 나누는 사회 세계는 복잡하며, 우리가 상호 작용을 통해 원하는 바가 우리가 나누는 표면적인 이야기와

---

18 Olúfémi O. Táíwò, "The Empire Has No Clothes," *Disputatio* 51 (2018): 305–330을 보라.

19 Kelly F. Austin, "Degradation and Disease: Ecologically Unequal Exchanges Cultivate Emerging Pandemics," *World Development* 137 (2021): 105–163; J. L. Austin, "Performative Utterances," in *Philosophical Papers*, J. O. Urmson and G. J. Warnock eds. (Oxford: Clarendon Press, 1961); Rebecca Kukla and Mark Norris Lance, *"Yo!'and'Lo!": The Pragmatic Topography of the Space of Reasons* (Cambridge, MA: Harvard University Press, 2009).

엘리트 포획

완전히 다를 수 있다. 우리는 관계와 평판을 관리하려고 한다. 즉, 영향력을 추구하거나 영향력을 가지려 하는 누군가를 좌절시키려 하고 (광범위한 의미든 협소한 의미든) 정치적인 논쟁에서는 우리 "편"에 힘을 실어 주려고 한다. 우리는 자원과 보상을 얻으려 하고 처벌과 장애물을 피하려 한다.

상식common sense과 마찬가지로 공통 기반을 "공통적common" 이라고 이야기하지만, 그것을 항상 공통적인 것이라고 할 수는 없다. 최선의 경우, 우리는 선한 의도와 정당한 이유를 갖고 소통한다. 우리는 이전 관점에 도전하는 새로운 생각을 받아들이면서 공통적인 것에 대한 우리의 상식에 이를 포함시킬 수 있다. 그렇게 하는 게 우리 주변의 사람들과 세계를 공유하는 의미 있는 행동이기 때문이고, 그 사람들도 선한 믿음과 이유를 갖고 소통한다고 믿기 때문이다.

우리는 새로운 정보가 진실이라 믿고 이 정보를 공통 기반으로서 받아들일 수 있다. 그리고 오래된 정보가 거짓이라 믿는다면 그 정보를 거부할 수도 있다. 분명 전 세계 과학자들은 이런 방식으로 정보가 처리되기를 바란다. 우리가 양질의 공통 기반을 유지하는 것에 신경을 쓰는 이유는 공존과 번영에 필요한 능력이 공통 기반의 질에 달려 있기 때문이다. 적어도 이러한 그림에 따르면, 우리가 신뢰, 존경, 권위를 정의롭고 공정한 방식으로 배분하고 공공선을 추구하며 소통한다면, 공통 기반은 잘 작동할 것이다. 좋은 이야기처럼 들리지 않나?

물론 우리가 처한 사회적 맥락이 이처럼 장밋빛으로만 보이지는 않는다.

다른 시나리오를 생각해 보자. 언어철학자 데이비드 루이스가 떠올린 것이다.[20] 루이스는 분석철학자들 특유의 소위 세상사에 초연한 스타일에 충실하게, 무미건조하고 피도 눈물도 없는 사고 실험을 예시로 삼는다. "몇 가지 이유——강압, 복종, 공통의 목적——때문에 두 사람 가운데 어느 한쪽이 상대방의 통제를 받는 것을 기꺼이 원할 수 있다(적어도 특정 조건이 지배적인 한에서, 특정 한계와 행동 영역 내에서). 이들 중 한 명을 **노예**, 다른 한 명을 **주인**이라고 부르자. 통제는 다음처럼, 언어를 통해 행사된다."[21] 한데, 이러한 프레임은 실은 기만적이다. 사실상 루이스가 의사소통 규칙이 인종자본주의와 그것이 만들어 낸 세계 정치체제의 구성에 불가결한 실제 상호작용을 지배하고 있다고 표현하기 때문이다.

그럼에도 이 피도 눈물도 없는 사고실험에 계속 주목해

20　David Lewis, "Scorekeeping in a Language Game," *Journal of Philosophical Logic* 8, no. 1 (1979).

21　Lewis, "Scorekeeping in a Language Game," 340.

보자. 자기 노예에게 이야기하는 주인은 노예와 상호작용할 때 그 의사소통에서 무엇이 가능한지를 결정하는 권력의 위치를 차지하고 있다. 예를 들어 주인이 밖에 비가 올 수도 있다는 가능성을 생각하는 것조차 거부한다면, 비가 올 것이라고 가정하는 식의 발화 방식은 배제된다. 이러한 권력관계가 일방적으로 일어난다는 점이 그들의 사회적 관계의 본질이다. 그리고 이것은 결국 그들이 나누는 대화의 본질이기도 하다. 노예가 비가 오는 것을 얼마나 직접적으로 경험하든지 간에, 그 경험은 공유된 이해에 기여할 자격이 없는 것이다. 여기서 공통 기반은 민주적으로 통치되는 자원이 아니며, 마찬가지 이유로 그들을 둘러싼 다른 자원들도 민주적으로 통치되지 않는다. 그들이 노예 사회에 살고 있기 때문이다.

의사소통이 과도하게 지적인 용어로 설명될 때는 종종 그것이 지닌 정보 교환으로서의 기능이 꽤나 중요하다는 듯 묘사되곤 한다. 그러한 관점에서 보면 누군가가 제공한 공공 지식이 부당하게 거부당하는 것은 "인지자knower"의 특수한 "인식epistemic" 방식에 해를 끼친다.[22] 그러므로 우리가 의사 전달을 통해 상호작용할 때 나타나는 불의한 체계는 대개 신념 체계에 뿌리를 두고 있는 특수한 이데올로기적 불의

---

22 Miranda Fricker, *Epistemic Injustice: Power and the Ethics of Knowing* (Oxford: Oxford University Press, 2007).

로서 취급된다. 그리고 이 신념 체계는 다른 불의한 체계와는 별도로 존재하거나 그 체계들의 원인이라고 여겨진다.[23]

하지만 또 다르게 의사소통이 행동의 일종일 뿐이라고 주장할 수도 있다. 그렇다면 우리가 대화 속에서 행동하는 방식을 지배하는 힘, 규범, 인센티브는 우리의 모든 행동을 설명하는 그것들과 완전히 동일할 것이다. 엘리트는 우리의 대화를 "포획"한다. 그 이유와 방식은 엘리트들이 모든 것을 포획할 때와 동일하다.

벌거벗은 임금에게 환호를 보내면서 마을 사람들은 어떤 생각을 하고 있었을까? 원한다면 우리는 마을 사람들이 환호를 보낸 이유를 설명하는 복잡한 지적 구조물을 만들어 낼 수도 있을 것이다. 우리는 그들이 진실된 신앙인이며 온갖 복잡한 이유로 미신을 정당화하고 있다고 상상할 수도 있다. 아마도 임금과 마을 사람들 모두가 보이지 않은 옷에 대한 거짓 이야기에 정말로 설득되었을 수 있다. 마을 사람들이 현실의 심층 구조를 유일하게 통찰한 사람이 임금뿐이라는, **또 다른** 거짓 이야기를 믿고 있을 수도 있기 때문이다. 혹은 마을 사람들이 자신들의 잘못을 환각으로 벌하는 어떤 초자연적인 메커니즘이 있다고 믿기 때문일 수도 있다. 사람들은 종종 이렇게 해

---

23 Tommie Shelby, "Ideology, Racism, and Critical Social Theory," *Philosophical Forum* 34, no. 2 (2003): 153–188.

엘리트 포획

명하면서 "암묵적 편견"이나 "이데올로기", "인식적 불의" 등 억압적 사회의 도덕적·영적 부패에 근거한 문화적 설명을 통해 억압을 설명한다.

이런 설명들은 **마을 사람들**에게 무언가 문제가 있다고 말하는 듯 보인다. 따라서 마을 사람들이 이처럼 이상한 상황에서 이상한 행동을 하는 이유를 알아내려면, 우리는 사람들이 인식과 직관을 형성하는 심리적 차원과 문화적 차원 등에 있는 문제들이 무엇인지 밝혀내야 한다. 분명 이러한 관점을 받아들이는 이들은 **무언가** 알고 있다. 여러 날, 여러 해, 여러 세대 동안 맹목적인 대화상의 순종을 요구해 온 사회가 세계에 대한 실제 생각 및 감각과 세계 안에서 사람들의 행동에 아무런 영향도 미치지 않았을 거라고는 상상하기 어렵기 때문이다.

하지만 왜 마을 사람들이 임금을 **믿는지**가 아니라 임금을 **믿는 것처럼** 행동하는지를 묻는다면, 우리는 다른 대답을 얻게 된다. 달리 말하면, 이런 관점에서 보면 **신념**이 아니라 **행동**이야말로 체계적으로 조직되어 있다. 이런 방식으로 생각하더라도 마을 사람들이 실제로 신념 구조 때문에 그렇게 행동했을 가능성이 여전히 존재한다. 하지만 이 사고방식은 첫 번째 접근법과는 달리 마을 사람들이 그렇게 따라 할 때 얻는 이득을 중요하게 고려한다. 그리고 그렇게 하지 않았을 때의 위험도 고려한다.

의사소통을 할 때 사람들이 다른 행동을 취할 때와 마찬가지 이유로 결정을 내린다고 하면, 이 모든 상황은 덜 신비롭게 보일 것이다. 모든 마을 사람이 벌거벗은 임금님을 향해 환호하며 어떤 생각을 하고 있는지에 관한 질문은 이렇게 간단명료하게 답할 수 있게 된다. "만일 내가 임금에게 동조하지 않는다면, 무언가 나쁜 일이 닥칠지도 몰라."

이런 식의 수정은 사소해 보일 수도 있지만 신념, 태도, 문화를 동반한 설명 방식이 불만족스러운 한 가지 이유를 분명히 드러내 준다. 위계적 상호작용을 정당화하는 표면적인 이야기를 너무 진지하게 받아들일 경우, 실제로 사람들 사이에 일어나는 일들, 특히 폭력적 상호작용을 완전히 잘못 이해할 수 있다. 로빈 D. G. 켈리와 제임스 C. 스콧은 숙련된 동료 역사학자들조차 이와 같은 오류에 빠지는 경향이 있다는 점을 설득력 있게 주장했다. 숙련된 역사학자들조차 피억압 대중이 억압 체계에 "동조"했다는 광범위한 역사를 그 대중들이 이러한 체계의 "진실한 신앙인"이었다는 증거로 잘못 취급하곤 했다.[24] 실은 그 대중 중 일부는 우리가 상상하는 진실된 신앙

---

24 Robin D. G. Kelley, "'We Are Not What We Seem': Rethinking Black Working-Class Opposition in the Jim Crow South" *Journal of American History* 80, no. 7 (1993): 75–112; James C. Scott, *Domination and the Arts of Resistance: Hidden Transcripts* (New Haven: Yale University

엘리트 포획

인과는 거리가 멀었다. 사기꾼들은 사회적 각본에 따라 행동하면서 교활하게 기득권에 저항하곤 했다.[25]

벌거벗은 임금이 행차하는 동안 하루를 무사히 보내려고 하는 제빵사와 양초 장인이 임금이 실제로 옷을 입었는지 여부에 전혀 관심을 갖지 않았다고까지 가정할 필요는 없다. 우리는 그 사람들의 주된 관심사가 그날의 빵과 양초를 파는 일이라고 추측해 볼 수 있다. 즉, 이 사람들은 식탁에 음식을 놓거나 세금 징수인을 따돌리는 일에나 관심이 있다. 이들은 임금이 시야에 들어왔을 때 곧바로 개인사와 일부 공통 기반을 떠올릴 것이다. 이 두 시민은 어느 평민이 자기 제품으로 임금을 기쁘게 하여 귀족이 되었다는 동화를 알고 있을 수도 있다. 혹은 사업가가 빚을 갚지 못하거나 임금을 모욕해서 감옥에 갇히거나 공개적으로 고문당했다는, 더욱더 개연성 있으면서도 일상적인 이야기를 마음에 품고 있을 수도 있다.

제빵사와 양초 장인이 임금이 가끔씩 행차하는 길목에 상점을 차리게 된 이유에 관한 여러 뒷이야기가 있을 수 있

Press, 1990). [한국어판:《지배, 그리고 저항의 예술: 은닉 대본》, 전상인 옮김, 후마니타스, 2020].

25 Gerald Vizenor, *Shadow Distance: A Gerald Vizenor Reader* (Middletown, CT: Wesleyan University Press, 1994); Goran Gumze, "Capoeira: Influences on Depression, Aggression and Violence in Salvador," (Ph.D diss., University of Nova Gorica, 2014) 32.

다. 그리고 그들이 임금이 다가올 때 어떤 생각을 했는지에 관해서도 뒷이야기가 여럿 있을 수 있다. 그중 어떤 이야기도 임금이 무엇을 입었는지 혹은 입지 않았는지와 관련되어 있지 않다. 심지어 제빵사나 양초 장인이 실제로 임금님이 무엇을 입고 있다고 믿고 있는지와도 무관하다. 그럼에도 이러한 이야기들은 왜 그때 제빵사와 양초 장인이 임금의 기대에 따라 행동했는지를 충분히 설명해 준다.

이 이야기를 이해하려면 권위가 **무엇인지** 그 권위가 사회적 삶을 조직할 때 수행하는 기능이 무엇인지 끈질기게 응시해 볼 필요가 있다.

여기서 문제가 임금의 마을 사람들에 있지 않다는 점이 드러난다. 문제는 **마을 그 자체**, 바로 왕국이다.

잘못된 교육에 관한 이론

이제껏 비유를 들어 충분히 설명했다. 비유의 핵심은 다음과 같이 쉽게 표현하면 명확히 드러난다. 우리의 정치 구조가 우리의 모든 상호작용을 둘러싼 구조에 영향을 미친다는 것.[26] 이는 카터 G. 우드슨이 세계 전역을 돌아다닌 덕분에 강하

---

26 Carol Hanisch, "The Personal Is Political," February 1969, https://carolhanisch.org/CHwritings/PIP.html[2024년 7월 25일 접속 확인].

게 깨닫게 된 것이기도 하다. 우드슨의 분석이 지금도 매우 설득력 있기 때문에, 그 이야기를 좀 더 깊이 파고들어 보겠다.

우드슨이 제기한 비판 중 하나는 흑인 정치 전략에 관한 것이다. 우드슨이 느끼기에 흑인 학생들에게 제공되고 있던 "소위 현대적modern 교육"은 "민간단체와 정부가 식민지와 속령의 토착민natives을 교육하기 위해 설립한 특별 체계"와 같은 것으로 "약자를 노예로 삼고 억압해 온 사람들의 필요에 따라 운용"되어 온 것이다.[27] 그러므로 현대적 교육은 아프리카계 미국인 중 특정 집단에게 학위와 사회적 위신 및 구분을 드러내는 표식들을 수여하기 위한 것이었다. 그리고 이 특정 집단의 입장에서 흑인 공동체로부터 분리되는 것은 대개 보상이면서도 비용이기도 했다. 우드슨은 이러한 "인종적 계층 상승racial uplift" 프로그램에 대해 흑인들이 억압적 사회의 이미지에 따라 **스스로를** 변화시키려는 시도에 불과하다고 말한다. 자신들에게 가해지는 억압을 만들어 내는 사회적 조건들을 바꾸는 일이 그보다 더 나은 사명이겠지만 말이다.

우드슨은 흑인에게 제공되는 교육의 내용에 관한 두 번째 비판을 제기하며 논점을 연결한다. 그는 당시 교육과정이 지배적인 인종주의적 교육체계에 의해 중요한 것으로

---

27 Carter G. Woodson, *The Mis-Education of the Negro* (Middletown, CT: Tribeca Books, 2016), 4.

선별된 정보로 구성되어 있다고 지적한다. 그가 《잘못된 흑인 교육》 3장에서 드는 예는 주목할 만하다.

> 의과대학에서는 흑인들에게 그들이 보균자라는 점을 상기시키며 스스로 열등한 사람이라고 확신하게 만들었다. 흑인들에게 매독과 결핵이 흔하다는 점이 특히 강조되었지만, 이러한 질병이 흑인들에게 더욱 치명적인 이유가 백인들의 질병이었기 때문이라는 점은 보여주지 않았다. 그리고 이 전염병이 흑인에게는 새로운 질병이었기 때문에, 면역력을 발달시킬 시간이 주어진 백인과 달리 이 질병을 겪는 흑인들에겐 그러한 시간이 없었다는 점도 보여주지 않았다. 흑인이 쉽게 걸리는 다른 질병도 흑인들의 경제적·사회적 조건 때문에 발생하는 것이었지만, 흑인종이 바람직하지 않은 요인을 가졌다는 점을 지적하기 위해 언급되었다. 백인에게 매우 치명적인 황열병이나 인플루엔자 같은 질병에 대해서는 흑인이 그러한 질병에 면역력을 갖고 있다는 점은 거의 강조되지 않았다. 백인들은 이러한 질병에 대한 저항력이 다르다 해서 열등한 인종이라고 간주되지 않았다.[28]

우드슨의 설명은 아프리카계 미국인 인구의 의료 정보에 관해 교사들이 쓴 보고서를 인용한 것이다. 그는 이 보고서에 담긴 수치를 놓고 논쟁하지 않았다. 교사들이 **정확한** 정보를 공통 기반에 추가하고 있기 때문이었다. 그럼에도

---

28 Woodson, "How We Drifted Away from the Truth," chapter 3 in *Mis-Education of the Negro*.

우드슨은 이러한 정보가 인종주의를 뒷받침하는 역할을 한다고 반론을 제기했다. 그 이유는 이미 공통 기반에 자리잡고 있는 세계상 때문이다. 기존 세계상에 따르면, 흑인들에게 만연한 질병에 관한 통계적 정보는 흑인들이 불결하고 열등하다는 기존의 흔한 내러티브에 자연스럽게 부합하는 반면 유달리 백인에게 만연한 질병에 관한 똑같은 정보는 백인이 우월하다는 기존 내러티브에 부합한다. 이 특정 문장, 특정 의사소통 사례 자체가 인종주의를 반드시 내포하는 것은 아니지만, 그 문장이 포함된 내러티브 속에는 인종주의가 내포되어 있다.

우드슨은 배후의 권력 체계가 교실의 상호작용을 구조화하는 방식을 복잡하긴 하지만, 생생하게 그려냈다. 우리는 그가 말한 내용을 잘 이해할 수 있다. 이 동학은 벌거벗은 임금이 사람들이 자신의 옷에 아부할 것이라고 믿게 된 동학과 완전히 같다. 이 왕국과도 같은 교실에서는 보고가 균형적으로 이뤄지지 않으며, 의사소통도 대칭적으로 이뤄질 수 없다. 우드슨은 그와 같은 교육의 비대칭성이 결과물에 불과하다는 점을 알고 있었다. 그 또한 이러한 비대칭이 만들어진 강의실에서 연구했기 때문이다.

우드슨은 일찍이 어떻게 권력이 역사를 만들어 내는지

를 깨달았다. 젊은 시절 수년 동안 웨스트버지니아주에서 석탄 광부 일을 하면서, 그는 실제로 남북전쟁에서 수년간 싸웠던 이들에게 남북전쟁에 관해 배웠다. 이 교육에는 그의 아버지 제임스가 많은 전직 남부연맹군과 함께 일했던 철로 야적장에서 벌어진 직장 동료 사이의 열띤 언쟁도 포함되었다. 제임스와 과거 남부연맹군이었던 감독관 사이의 언쟁이 주먹다짐으로까지 이어지자, 고용주가 이 토론을 중단시키기도 했다.

나중에 카터 G. 우드슨은 하버드 대학교 대학원생이 되었고, 풀리처상을 수상한 에드워드 채닝Edward Channing 같은 저명한 역사학자들 밑에서 공부했다. 채닝은 세미나에서 아프리카계 미국인이 독자적인 역사를 갖고 있지 않을 뿐 아니라 그들이 남북전쟁을 비롯한 주요 역사적 사건에서 중요한 역할을 한 적이 없다고 주장했다. 우드슨이 이에 반박하자 채닝 교수는 우드슨에게 우드슨 자신의 관점이 맞는지를 증명하라고 이야기한다. 채닝은 제자가 자신을 반박한 의도가 애초에 그가 하버드에서 공부하고자 한 중요한 이유라는 것을 전혀 알지 못했다. 실제로 우드슨은 이미 채닝과 같은 이들을 인용하는 교과서가 아버지 제임스 우드슨과 싸웠던 감독관 같은 사람들의 이야기를 뒷받침하는 관점을 애지중지하고

엘리트 포획

숭상하며, 아버지 같은 이들의 관점을 무시한다는 점을 잘 알고 있었다.

우드슨은 이러한 경험에서 영감을 받아 다른 종류의 역사, 즉 아프리카계 미국인의 역사를 만들어 냈다. 그는 《흑인사학회보》를 창간하고 교육기관을 설립하여 자신만의 까다로운 학문적 기준에 부합하는 흑인사를 만들어 냈다.

핵심은 마음과 생각을 바꾸기만 하는 것이 아니라 **공통기반**을 바꾸는 것. 바로 사람들이 그들의 일상적 상호작용에서 활용할 수 있는 정보를 변화시키는 것이었다.

엘리트 포획: 게임하기

카터 G. 우드슨은 《잘못된 흑인 교육》에서 의사소통, 정치, 역사, 교육의 본질 등에 대한 수많은 값진 통찰을 공유해 준다. 하지만 이 책에서 그 모든 내용을 다루지는 않을 것이다. 여기서 가장 중요한 점은 그가 언어의 정치철학에 관해서 보여준 통찰이고, 이 통찰을 통해 우리는 엘리트 포획을 더욱 잘 이해할 수 있다. 그리고 이 통찰을 우리가 구조화된 환경 속에서 상호작용하는 것에 관해 사유하는 다른 영역의 철학과 함께 논의해 보면, 더 많은 통찰을 이끌어낼 수 있을 것이다. 즉, 게임에 관한 철학과 함께 말이다.

철학자 C. 티 응우옌은 《게임: 행위성의 예술》에서 **게임 세계**와 **현실 세계** 사이의 핵심적인 차이를 설명하고 게임 세계로부터 현실 세계에 관해 무엇을 배울 수 있는지 설명한다.[29] 게임에서는 위험이 크지 않다. 내 캐릭터가 "죽"거나 마리오 카트에서 내가 뒤쳐지면, 우리는 콘솔 게임기를 그냥 끄고 다시 켤 수 있다. 게임은 또한 인위적으로 명료한 의사결정 환경을 갖고 있다는 특징이 있다. 우리는 정확히 내 목표goal가 무엇인지, 다른 사람과 어떻게 연관되어야 하는지 알고 있다. 예를 들어 우리가 농구를 하고 있다고 해 보자. 다른 사람이 나와 같은 유니폼을 입고 있다면, 나는 그 사람들이 골을 넣도록 도우며 그 사람들도 내가 골을 넣을 수 있도록 돕는다. 다른 사람이 나와 다른 유니폼을 입고 있다면, 나는 그 사람들을 저지할 것이다. 게임에서는 위험이 크지 않기 때문에 우리 모두 상상해낸 세계에 몰두할 수 있다. 그리고 게임 세계에서 우리가 하는 모든 행동은 우리의 성공과 명료하고 도구적인 관계를 맺고 있다.

이러한 명료하고 도구적인 관계는 게임이 일상생활의

---

29 C. Thi Nguyen, "Layers of Agency," chapter 3 and "Gamification and Value Capture," chapter 9 in *Games: Agency as Art* (Oxford: Oxford University Press, 2018), 52–73, 189–215. [한국어판: 《게임: 행위성의 예술》, 이동휘 옮김, 워크룸프레스, 2022, 85-118쪽, 289-330쪽]

복잡성과 불안정을 포획하지 못하는 중요한 이유 중 하나다. 그리고 이 점은 게임이 그러한 훌륭한 도피처가 되는 의심할 여지없는 이유이기도 하다. 우리가 자녀, 형제자매, 연로한 부모님과 상호작용할 때는 대개 복잡한 현실적, 정신적, 도덕적 리스크가 가득하다. 우리가 직장 상사나 동료와 일상적으로 상호작용할 때, 그 상호작용의 뒤편에는 실패의 위협, 심지어 실직의 위협이 도사리고 있다(특히 미국에서는 이러한 리스크가 가득할 뿐 아니라 실직으로 인해 집을 잃거나 의료보험을 받지 못하게 되는 추가적인 리스크도 안고 있다). 이러한 크나큰 위험에 대처할 방안을 조금 더 명확히 알 수 있다면, 아마도 그 위험을 관리하기 한결 쉬울 것이다. 가령 "폭력적인 상사를 무력화하는 한 가지 이상한 속임수"라는 확실한 육아 서적이 있다면 말이다. 그렇지만 우리는 다른 사람의 목표와 필요를 종종 섣불리 추측하면서도 대체로 우리가 잘했는지에 대해서는—실수의 결과가 드러나는 경우를 제외하고—전혀 피드백을 받지 못한다. 그리고 그 상태에서 우리는 우리의 목표와 필요와 추측된 다른 사람의 목표와 필요 사이에 균형을 맞춰야 한다.

게임 세계의 인위적 명료성은 게임 세계를 재미있게 만드는 중요한 요소다. 게임 디자이너가 구축한 환경은 플레이어들에게 특정한 행동을 취해야만 하는 보다 명료한 이유만이 아니라 각각의 행동이 성공과 실패로 이어지는지 알아내는 만족감을 제공한다. 게임은 게임이 지닌 명료성과 단순성으로 인해 우리의 비非게임적 경험과 구별되지만, 우리가 취하는 모든 행동이 생존 전략에서 중요하다고 느낀다는 점에서 실제 인생과도 크게 다르지 않다. 제빵사와 촛불 장인의 사례에서 살펴보았듯, 권력 구조는 가상 환경처럼 사람들이 **따라 해야 할**play along 이유를 제공하기 때문이다.

많은 게임이 지닌 이와 같은 특징은 실제 사회적 환경의 특징과도 겹칠 수 있다. 그리고 이 점이 응우옌이 "가치 포획value capture"이라고 설명한 현실 세계에서의 과정이 지닌 핵심을 이루고 있다. 가치 포획이란 풍부하고 미묘한 가치에서 출발하지만, 사회라는 야생에서 그 가치의 단순화된 버전과 마주하며 우리의 가치를 단순화하는 방향으로 수정하는 과정을 말한다. 그렇기에 이러한 과정을 통해 우리의 풍부하고 미묘한 가치는 부적합한 가치가 된다. 사회적 상호작용은 항상 이러한 과정을 야기할 가능성이 있지만, 우리의 가치가 왜곡되는 일은 이러한 단순성이 보상과 처벌의 구조로 구축되는 사회적 체계와 사회적 환경에서 더 극단적으로 일어난다.

자본주의야말로 그러한 체계다. 자본주의는 끊임없이

엘리트 포획

전심전력으로 이윤과 성장을 추구하는 것에 보상을 제공한
다. 이처럼 극단적으로 협소한 가치 체계는 삶을 가치 있게
만드는 많은 것들을 배제한다. 하지만 자본주의가 등장하기
오래전부터 (종교적이든 세속적이든) 근본주의와 전쟁을 중심
으로 조직된 사회도 마찬가지로 왜곡된 가치 체계를 만들어
왔다.

　현실에서 엘리트들은 경우에 따라 가치 포획 과정을 의도
적으로 관리하면서 게임 디자인과 같은 전술을 활용하여 다
른 이들을 조작하고 통제한다. 우버와 리프트Lyft 같은 긱 경제
Gig economy 플랫폼은 "배지"와 평가 체계를 활용하여 자사가
고용한 드라이버의 의사결정 환경을 관리한다.[30] 심지어 노
동 영역 바깥에 있는 소셜미디어의 경우도 좋아요, 공유하기,
리트윗과 같은 기능들이 게임의 점수와 같은 역할을 수행한
다. 시간이 지나면서 이렇듯 단순한 척도는 가치를 (예를 들어
토론에 의미 있는 기여를 한다거나 자신의 노동의 질에 자부심
을 갖고 싶은 소망을) 왜곡하거나 대체하는 조짐을 보인다. 혹
은 이 단순한 척도가 이러한 플랫폼에서 하는 행동에 반영될
수 있다.

30　Noam Scheiber, "How Uber Uses Psychological Tricks to Push Its Drivers' Buttons," *New York Times*, April 2, 2017, https://www.nytimes.com/interactive/2017/04/02/technology/uber-drivers-psychological-tricks.html[2024년 7월 25일 접속 확인].

이러한 가지각색의 이야기들을 하나로 묶는 것이 가치 포획이라는 과정의 특징이다. 직원들이 일을 잘하고 싶어 하는 것은 본래 복합적인 동기 때문일 수 있다. 가령 그들은 열심히 일하면서도 안전을 유지하고 자신과 사랑하는 이들을 위해 정신적·감정적 에너지를 충분히 보존하고자 한다. 그러나 상사가 게임에 영감을 받아 만든 환경의 압력으로 인해, 노동자는 상사에게 성공을 알리는 토큰을 얻는 데만 집중해야 한다. 이 토큰은 결국 애초에 노동자가 추구한 가치 구조를 대체하며, 그 가치가 보호하던 것들도 희생시킨다. 예를 들어 디즈니와 아마존은 강박적인 "실시간 노동자 생산성 추적"을 사용하여 피고용인들이 생산 속도나 생산량에 기초한 평가 체계에 따라 경쟁하도록 유도한다.[31] 생산성과 이윤이 늘어날수록 노동자들의 피로와 스트레스, 부상도 늘어나며 이 노동자들이 본래 갖고 있던 "일을 잘하자"라는 목표는 약화된다.

이 노동자들이 평가 체계를 신뢰할 뿐 아니라 그 평가

---

31 John Holden, "Big Companies Get Involved in Big Brother-Style Monitoring of Staff," *Irish Times*, August 18, 2014, https://www.irishtimes.com/business/big-companies-get-involved-in-big-brother-style-monitoring-of-staff-1.1898170[2024년 7월 25일 접속 확인]; Sara Ashley O'Brien, "Workers at Amazon Brace for Another Grueling Week Spurred by Prime Day," *CNN*, June 21, 2021, https://www.cnn.com/2021/06/21/tech/workers-amazon-prime-day/index. html[2024년 7월 25일 접속 확인].

엘리트 포획

체계가 반응한다고 생각되는 시간 엄수, 체력, 세심한 주의력이라는 가치를 내면화하고 있을지도 모른다. 그들이 게임의 척도에 따라 자신을 판단할 뿐 아니라 다른 사람을 판단할 수도 있다. 아니면, 임금의 엉덩이를 매우 또렷하게 보고 있음에도, 생계가 달려 있기 때문에 행동을 바꿀 수도 있다. 어느 쪽이든 그 결과는 오래된 이야기처럼, 사장이 이득을 보고 노동자는 손해를 본다는 것이다.

분명 자본의 세력들은 게임적 사고를 활용하는 방법을 발견했다. 하지만 응우옌이 조심스럽게 지적하듯이 음모를 꾸미는 그림자 조직이 사람들을 통제하기 위해 의도적으로 게임 디자인 전략을 사용하는 경우는 가치 포획의 경우 예외적인 일이며 항상 일어나지 않는다.[32] 의도적이거나 계산적인 개입은 가치 포획의 전제 조건이 아니다. 오히려 가치 포획의 유일한 필요조건은 지나치게 명료한 가치를 독려하는 환경 내지 인센티브 구조다.

예를 들어 우리는 새로운 소셜미디어 플랫폼에서 선의를 갖고서 특정 사회문제에 관한 논의에 참여하는 상황을 생각해 볼 수 있다. 물론 이 플랫폼은 그 회사의 소유주가 채용한 디자이너들이 구조화한 것이며, 이들은 게시물의 트래픽

---

32 Nguyen, "Gamification and Value Capture," chapter 9 in *Games: Agency as Art*, 189–215. [한국어판:《게임: 행위성의 예술》, 이동휘 옮김, 워크룸 프레스, 2022, 289-330쪽]

을 지휘하고 소비자의 참여를 독려하는 알고리즘을 구축하고 관리한다. 우리가 이 플랫폼에서 이야기를 나눌 때, 이 플랫폼의 특징은 우리의 행동에 영향을 미치기 시작한다. 단순한 의견이 댓글과 공유하기를 유도하면서, 사람들이 플랫폼에서 나누는 이야기 내용에 영향을 미친다. 이 테크 기업의 소유주는 우리가 나눈 대화로 인한 사이트의 트래픽으로 발생되는 수익의 대부분을 얻으며, 소수의 사이트 참여자들은 이 플랫폼에서의 활동으로 인한 주목의 대부분을 얻게 된다. 이런 식으로 엘리트가 등장한다.

그러나 플랫폼에서 일어나는 모든 일을 엘리트가 진두지휘하는 과정으로 이해하는 것은 잘못된 생각이다. 엘리트는 **결과물**에 불과하며, 플랫폼 내 이윤 및 주목의 불균등한 분배 또한 마찬가지로 결과물에 불과하다. **실제로** 엘리트는 종종 그러한 환경을 악화시키고 해법을 가로막기도 한다. 그러나 엘리트 포획의 문제를 전적으로 이 엘리트들의 도덕적 성패 탓으로 돌린다면 원인과 결과를 혼동하게 된다. 진짜 문제는 체계 그 자체, 즉 애초에 그 엘리트를 만들어 낸 이미 구축된 환경과 상호작용 규칙에 있다.

게임의 경우, 디자이너와 플레이어 사이에는 권력의 경계가 명확히 존재한다. 디자이너는 폭넓은 선택을 경험할 수 있지만, 플레이어는 이 디자이너들이 내린 결정을 게임의 고정된 특징으로 받아들이게 된다. 환경 속에 들어간 플레이어는 디자이너들이 플레이어를 위해 만들어 놓은 상호작용 규칙과 기초 인센티브를 경험하지만, 그중 어떤 것에도 자신의 의견을 제시할 수 없다.

이러한 환경은 현실 세계와 그리 다르지 않은 것처럼 보일 수 있다. 카터 G. 우드슨이 깨달았듯이 우리가 내리는 결정들은 많은 경우 더 많은 권력을 쥔 누군가가 우리보다 먼저 내린 여러 결정에 의해 형성된다. 전체 사회구조는 학교와 같은 제도적 체계가 기능하는 방식에 영향을 미친다. 나아가 이러한 제도적 체계는 그 체계 안에서 일어나는 상호작용들——대화, 강의, 관계 등——에 권력을 행사한다.

게임 환경은 대부분 플레이어에게 비슷하게 반응한다. 즉, 플레이어들은 동일한 규칙과 비용, 인센티브와 마주한다. 사회적 환경은 사람에 따라 다르게 반응한다. 이 점은 데이비드 루이스가 이야기한 주인과 노예의 대화에서 잘 드러난다. 루이스는 〈언어게임에서 점수 기록Scorekeeping in a Language Game〉이라는 논문에서 이 주인과 노예의 대화를 언급하는데, 배경에 깔린 규칙이 이전에 내린 결정과 결합되면서 우리에게 특정 국면에서 어떤 행동을 취해야 하는지 알려 준다는 점을 다룬다. 루이스는 야구를 예시로 들며 게임이라는 맥락에서 이러한 점이 명확하게 나타난다는 것을 보여준다. 타자가 1루로 갈 수 있는지 여부는 (타자가 출루하기 전까지 투수가 던질 수 있는 공의 개수를 비롯한) 스포츠의 규칙과 (해당 타석까지 투수가 던진 공의 개수를 비롯한) 지금까지 전개된 상황과 관련이 있다.[33] 하지만 루이스가 앞에서 든 예시, 즉 주인이 즉석에서 노예의 규칙을 발명한다는 예시는 수많은 사회적 상호작용을 더욱 정확히 설명한다. 결국, 인생은 야구만큼 공정하지 않기 때문이다.

　1장에서 보았듯이 충분한 권력을 지닌 사람이나 제도 들은 마음대로 게임 규칙을 변경하거나 재구성하고 무시할 수 있다. 이런 일은 사회의 일부분과 상호작용의 유형에 따라 상이한 방식으로 일어난다. 먼저 대부분 사람들의 하루가 시작되는 장소인 집에 대해 생각해 보자. 자본주의는 주거가 상품화된 환경이며, 이러한 자본주의하에서 집을 마련한다는 선택을 실제로 할 수 있을지 없을지 여부는 대부분의 경우 개별 임대인과 임대 기업, 경찰 그리고 이들 간의 정보 교류를 통제하는 데이터 회사로 이뤄진 소수 엘리트

33　Lewis, "Scorekeeping in a Language Game," 344–346.

집단의 규칙 혹은 규칙화된 행동에 달려 있다.[34] 엘리트는 거처를 유지하기 위한 수단을 포획해 왔으며, 따라서 나머지 사람들이 거처를 얻을 수 있으냐 없는지를 결정하는 규칙을 설정한다.

다른 일상적인 이야기를 해 보자. 경제활동을 하는 사람은 어떤 식으로든 생산과정에 참여하고 있다. 그리고 우리는 아직도 계속되는 엘리트 포획에 관한 친숙한 이야기와 마주한다. 즉, 자본가들이 생산수단을 포획해 왔다는 이야기 말이다. 이런 생각은 친숙한 것이지만, 어떻게 자본가들이 생산수단을 포획하여 결과적으로 방대한 인간 경험을 포획하게 되었는지에 대해서 좀 더 주목할 필요가 있다.

자본가들은 생산과정의 사회적 통제를 쥐고 있고, 고용주들은 가능한 한 그 사회적 통제를 통해 노동자의 삶과 경험의 많은 부분을 통제한다. 주정부가 아니라 고용주들이야말로 노동자의 기상시간 대부분과 그들의 결사의 자유와 표현의 자유에 대한 권리를 사실상 결정하는 역할을 맡는다.[35] 사회학자 앨리 혹실드는 본래 "감정노동emotional labor"

---

34   Abigail Higgins and Olúfẹ́mi O. Táíwò, "Enforcing Eviction," *The Nation*, August 20, 2020, www.thenation.com/article/society/police-eviction-housing[2024년 7월 25일 접속 확인].

35   See Elizabeth Anderson, *Private Government: How Employers Rule Our Lives* (and Why We Don't Talk about It) (Princeton, NJ: Princeton University Press, 2017).

이라는 상당히 복잡한 개념을 통해 직장 상사들이 노동자들의 감정 표현에 대한 통제를 행사한다고 지적하려 했다.[36] 그리고 당연히도 엘리트는 자신들의 규칙에 따라 노동자들이 많은 시간을 들여 생산한 생산물에 접근하는 것까지도 구조화한다. 보건 의료 분야에 종사한다 해서 의료 서비스 비용을 지불할 수 있는 것은 아니다.

공식적인 정치 구조도 엘리트 포획의 문제를 겪고 있는 것으로 잘 알려져 있다. 실망스럽지만 말 그대로 법은 점차 강자들에 의해 만들어지고 있다. 미국에서는 미국입법교류협회American Legislative Exchange Council와 같이 수십억 달러 규모 기업들의 이해관계를 대표하는 여러 단체에서 자신들의 이해관계를 보호하는 법안을 작성하고 있다. 그중에는 "국가안보"를 명목으로 석유 및 가스 기반시설에 반대하는 시위를 범죄화하는 법안도 있다.[37]

---

36 Arlie Russell Hochschild, *The Managed Heart: Commercialization of Human Feeling* (Berkeley: University of California Press, 1979). [한국어판: 《감정노동: 노동은 우리의 감정을 어떻게 상품으로 만드는가》, 이가람 역, 이매진, 2009]

37 Molly Jackman, "ALEC's Influence over Lawmaking in State Legislatures," *Brookings* (blog), December 6, 2013, www.brookings.edu/articles/alecs-influence-over-lawmaking-in-state-legislatures[2024년 7월 25일 접속 확인]; Alexander C. Kaufman, "4 More States Propose Harsh New Penalties For Protesting Fossil Fuels, *HuffPost*, February 20, 2021, www.huffpost.com/entry/fossil-fuel-protest_n_602c1ff6c5b6c95056f3f6af[2024년 7월 25일 접속 확인]; Alexander C. Kaufman, "Yet Another State Quietly Moves to Criminalize Fossil Fuel Protests

정부 규제 기관과 법원은 자본가의 과도한 행위를 억제하기 위한 권한을 받았지만, 종종 자본가들의 이윤 창출 계획에 포섭되기도 한다. 경제학자들은 이 과정을 "규제 포획 regulatory capture"이라고 명명했다.[38]

규제 포획은 심각한 결과를 낳는다. 예를 들어 나이지리아의 경우, 이윤에 대한 규제력이 상대적으로 약하기 때문에 석유 기업들은 규제 범칙금을 회피하거나 쉽게 벌금을 그들의 사업 비용으로 전가해 왔다. 1993년에 오고니Ogoni 족 사람들은 셸Shell에 책임을 묻기 위한 투쟁을 벌이면서 세간의 주목을 받았다.[39] 오고니 족의 투쟁 덕분에 셸의 사업이 나이저강 삼각주의 생태 위기를 야기했다는 점이 국제적인 관심

Amid Coronavirus," May 8, 2020, www.huffpost.com/entry/alabama-fossil-fuel-pipeline-protest-criminalize_n_5eb590b4c5b6197b8461d550[2024년 7월 25일 접속 확인].

38 George J. Stigler, "The Theory of Economic Regulation" *Bell Journal of Management Science* 2, no. 1 (1971): 3–21; Ernesto Dal Bó, "Regulatory Capture: A Review," *Oxford Review of Economic Policy* 22, no. 2 (2006): 203–225.

39 [옮긴이] 셸을 비롯한 다국적 석유 기업들은 나이지리아가 영국 식민지였던 1938년부터 나이지리아에서 석유를 개발해 왔다. 오고니 족은 나이지리아의 주요 석유 생산지인 나이저강 삼각주에서 대대로 살아왔으나 셸의 석유 개발로 삼각주가 오염되면서 농경과 수렵을 통한 경제활동에 어려움을 겪게 되었다. 그들은 오고니민족생존운동Movement for the Survival of the Ogoni People을 조직하여 셸에 직접적인 보상을 요구하는 시위를 벌였다. 1997년에 오고니 족이 나이지리아 대법원에서 승소했으나 셸은 배상을 거부했다. 다음을 참고하라. 최승필, 최두영, 〈나이지리아 다국적 석유 기업과 지역사회 분쟁〉,《한국아프리카학회지》 35호, 2012, 177-206쪽.

을 받게 되었다.[40] 국제적으로 주목을 받았음에도, 셸의 행태는 변하지 않았다. 연구자 에네지드 치네두와 추쿠마 켈레추쿠 추쿠에메카는 논란이 일어나고도 수년 동안 실제로는 석유 유출 사고가 늘었다는 점을 밝혀냈다.[41]

미디어, 즉 대기업이 지배하고 있으며 광고, 홍보, 브랜딩을 시민적·예술적·교육적 기능과 결합시키는 분야는 주목과 참여를 중심으로 조직되어 있다. 대개 이 주목과 참여는 "궁극적으로" 자본으로 전환될 수 있지만, 많은 개인이 미디어가 만들어 낸 천국에서 자신들의 직장생활과 정치적 경험을 규정하는 몇몇 제약으로부터 벗어날 수 있다고 느낀다.[42] 하지만 물적 경제와 마찬가지로, 주목 경제에서도 그 주목 경

40   "Shell Sued in UK for 'Decades of Oil Spills' in Nigeria," *Al Jazeera*, November 22, 2016, www.aljazeera.com/news/2016/11/22/shell-sued-in-uk-for-decades-of-oil-spills-in-nigeria[2024년 7월 25일 접속 확인]; Ike Okonta and Oronto Douglas, *Where Vultures Feast: Shell, Human Rights, and Oil in the Niger Delta* (London and New York: Verso, 2001).

41   Enegide Chinedu and Chukwuma Kelechukwu Chukwuemeka, "Oil Spillage and Heavy Metals Toxicity Risk in the Niger Delta, Nigeria"; Noah, A.O., Adhikari, P., Ogundele, B.O. and Yazdifar, H. (2021), "Corporate environmental accountability in Nigeria: an example of regulatory failure and regulatory capture," *Journal of Accounting in Emerging Economies* 11, no. 1, https://doi.org/10.1108/JAEE-02-2019-0038, 70–93; Bukola Adebayo, "Major New Inquiry into Oil Spills in Niger Delta Launched," *CNN*, March 26, 2019, https://www.cnn.com/2019/03/26/africa/nigeria-oil-spill-inquiry-intl/index.html[2024년 7월 25일 접속 확인].

42   Davide Calenda and Albert Meijer, "Political Individualization: New Media as an Escape from Family Control over Political Behavior," *Information, Communication & Society* 14, no. 5 (2011): 660–683.

제의 최상층에 있는 이들이 주목과 참여라는 핵심적인 자원이 배분되는 방식에 매우 막대한 영향력을 행사한다.

영향력 있는 엘리트는(여기에는 소셜미디어의 "인플루언서"도 포함된다) 어디에 시간이나 자본을 투자할 것인지 결정하며, 이들의 결정이 야기하는 막대한 사회적 결과는 다른 사람들 사이의 상호작용에 불변하는 특징으로 나타난다. 이 엘리트들의 게시물은 참여와 주목을 받게 되면서 어떤 주제가 유행할지, 누가 오늘 트위터의 "주인공"이 될지, 나아가 어떤 주제가 대화의 의제로 오를 것인지를 구조화한다. 엘리트가 아닌 우리는 무엇을 보고 읽으며 반응할지 선택하지만, 그 선택은 대체로 엘리트에 의해 형성된 환경 속에서 이뤄진다.

이 모든 이야기가 친숙하게 들리는가? 실제로 이번 장을 읽고 나면 당연하게도 친숙해질 것이다. 카터 G. 우드슨은 천재답게 트위터보다 훨씬 전부터 시작된 역사 속에서 이러한 엘리트 포획의 양상을 발견하고 그것을 정교하게 표현했다. 우드슨은 직설적으로 말한다. "그러나 소위 현대적 교육은 이 모든 결점을 가지고 있음에도 흑인보다 다른 사람들에게 더욱 도움이 된다. 왜냐하면 현대적 교육은 약자를 노예로 삼고 억압해 온 사람들의 필요에 따라 운용되어 왔기 때문이다."[43]

---

43 Woodson, *Mis-Education of the Negro*, 20–21.

우드슨은 사회에서 "주인" 역할을 하는 이들에 의해 설정된 여러 사회적 상호작용 규칙이 교육의 기본 구조에 어떤 영향을 미치는지 분석했다. 그의 분석에는 교실에서 벌어지는 대화라는 공통 기반도 포함되어 있다.

엘리트 포획은 대화 수준을 넘어서는 문제다. 사회적 삶의 모든 영역이 최상층 사람들에 의해 포획되어 왔기 때문이다. 이러한 포획은 식민지 소유권에서 비롯된 교전수칙rules of engagement에도 내재되어 있다. 자본 축적은 그 인센티브 구조가 명료하다는 점에서 게임과 상당히 비슷한 성격을 지니고 있다. 그리고 수 세기 동안 이 게임의 엘리트 플레이어는 세계를 변혁하면서 세계의 측면들을 점차 자본주의의 규칙에 따라 플레이할 수 있는 것으로 만들어 왔다. 대다수 사람들이 원하지 않더라도 그 규칙에 따라 플레이하게 되는 이유는, 개인의 상호작용 수준에서도 발견되듯이 이 세계가 자본주의에 따른 선택과 처벌, 잠재적 보상이 가득한 환경이기 때문이다.

노동자들에게 고객을 향해 미소를 지으라고 이야기하는 것이 인간 관리자일 수도 있고 우버 드라이버 평가 알고리즘일 수도 있다. 그렇지만 그것과 관계없이 미소 짓기는 이제 노동자들에게 당연히 취해야 할 행동이 된다. 왜냐하면 그 규칙을 따라 행동하는 것이 급여라는 목표를 획득하기 위한

엘리트 포획

가장 안전한 전략이기 때문이다.

석유 산업 규제 기관은 뇌물을 받고 눈을 감을 수도 있고, 실패할 줄 알면서도 부지런히 벌금 및 수수료 구조를 만들 수도 있다. 어찌되었든 규제 기관도 그 규칙에 따라 행동하고 있는 셈이다.

어느 학생이 논문에서 흑인의 역사를 뺐다면, 그 이유는 흑인들이 역사적으로 중요하지 않다고 말하는 교수를 믿고 있기 때문일 수 있다. 아니면 그저 성공한 학생들이 모두 백인의 역사를 주제로 선정했다는 점을 관찰했기 때문일 수도 있다. 흑인의 역사에 관한 책을 전혀 찾을 수 없었기 때문일 수도 있다. 그 이유가 어떻든 이 학생도 단기적인 성공을 얻기 위해 다른 사람이 정한 규칙에 따라 행동하고 있다.

플레이어들이 각자 게임을 하는 목적이 자존감, 안전, 인생 자체처럼 내밀하고 매우 사적인 목적일수도 있다. 하지만 어떤 행동이 합리적인지 결정하는 규칙과 맥락은 이러한 조작된 체계의 결과로부터 이익을 얻는 다른 이들에 의해 만들어진 것이다.

이렇듯, 소위 공통 기반은 석유 산업 규제 기관이 포획되는 방식과 똑같은 방식으로 포획되어 왔다. 결국 그것은 "공공 정보", 즉 우리 모두 진실이라 취급하는 것이 된다.

우리가 공공 정보를 활용하는 이유는 무언가를 하기 위해서이다. 물론 소통을 하기 위해서일 수도 있지만, 소통하는 것 이외에 일들을 다 같이 하기 위해서일 수도 있다.[44] 철학자 크리스티 닷슨과 사라이 아얄라가 설명하듯, 공공 정보란 그저 여러 **믿음**으로 이뤄진 구조가 아니라 "공통의 인식 자원"과 "어포던스affordances(행동유도성)"로 이뤄진 구조, 즉 우리가 함께 행동하기 위해 활용할 수 있는 사회적 환경으로 구축된 구조다.[45] 우리가 공통 기반의 정보를 진실인 것처럼 받아들이고 행동하는 이유는 대체로 우리가 보행로를 걷는 이유와 동일하다. 그것이 가장 쉬울 뿐 아니라 보행로가 존재하는 이유이기 때문이다.

이런 방식으로 이해하면, 공통 기반이란 우리가 언행을 통해 구축하고 재구축하는 사회적 환경의 정보적 측면일 뿐이라는 것을 알 수 있다. 우리가 그 공통 기반에 맞서는 데 성공한다면, 우리는 사회적 환경 그 자체를 바꿀 수 있다.[46]

---

44   Saray Ayala, "Speech Affordances: A Structural Take on How Much We Can Do with Our Words," *European Journal of Philosophy* 24, no. 4 (2016): 879–91; Táíwò, "Empire Has No Clothes."

45   Ayala, "Speech Affordances"; Kristie Dotson, "Conceptualizing Epistemic Oppression," *Social Epistemology*, 2014.

46   See Kukla and Lance, *"Yo!'and'Lo!"*

엘리트 포획

3. 방 안에 있다는 것[1]

유럽인 노동자들은 양처럼 끌려가는 것을 받아들임으로써 스스로
자본가의 노예가 되기를 자처하고 있었다. 그들은 전쟁과 평화라는
거대한 문제를 독립적으로 판단하는 데 실패했고, 그렇기 때문에
피식민 인민만이 아니라 스스로를 학살하는 데 이르렀다.

_ 월터 로드니, 《어떻게 유럽은 아프리카를 저발전시켰는가》[2]

의심할 바 없이, 아프리카 민중의 문화적 가치에 대한 평가절하는 인
종주의적 감정에 기반하고 있을 뿐 아니라 아프리카인에 대한 외
세의 착취를 영구히하려는 의도에서 비롯되었으며, 이 평가절하는
아프리카에 많은 해를 끼쳤다. 하지만 진보가 시급한 상황에서 다
음과 같은 태도 또한 아프리카에 해가 될 것이다. 무분별하게 칭찬
하는 것, 잘못을 비난하지 않고 미덕을 치켜세우는 것, 문화가 지닌
요소가 퇴행적이거나 퇴행적일 수 있음을 고려하지 않고 문화의
가치를 무분별하게 수용하는 것, 객관적이고 물질적인 역사적 현실

---

1 이 장의 초기 버전은 다음에서 확인할 수 있다. "Being-in-the-Room Privilege: Elite Capture
and Epistemic Difference," *The Philosopher* vol. 108, no. 4, https://www.thephilosopher1923.org/essay-
taiwo[2024년 7월 25일 접속 확인].

2 Walter Rodney, *How Europe Underdeveloped Africa* (London and Dar Es Salaam: Bogle-
L'Ouverture Publications, 1972).

의 표현을 정신의 창조물이나 특수한 기질의 산물로 나타난 것과 혼동하는 것. _ 아밀카르 카브랄, 《근원으로의 귀환》[3]

앞 장의 내용이 갑갑했을지도 모르겠다. 이 모든 이야기는 사회구조에 관해 다룬 것이었다. 우리의 선택은 어디에 있을까? 인생이 부여한 게임을 내가 어떻게 플레이할지 결정하는 것이 중요하지 않은가? 인생이 부여한 게임을 내가 어떻게 플레이할지 결정하는 것은 중요한 문제 아닌가? 설령 사회가 그렇게 하지 말라 하더라도, 나는 자유롭게 주변 사람들을 존중하지 않는가? 또한 설령 사회가 실패를 부추겼다 하더라도, 실패한 것은 내 책임이 아닌가? 어떻게 엘리트가 모든 것을 포획할 수 있단 말인가? 그리고 엘리트들이 **모든 것을** 포획했다 해도 그게 무슨 의미인가? 이런 철저하게 조작되고 매수된 세계에서 우리가 승리할 수나 있을까?

그렇다. 조작된 게임에 저항하더라도 몇몇 저항은 막다른 길에 도달한다. 디자이너가 이미 그런 저항들을 예견했거나 혹은 이 기계장치에 대한 반발이 단지 미미한 개선으로만 이어질 뿐이다. 저항이 상황을 더 악화시키기도 한다.

우리는 이러한 저항보다도 더 나은 일들을 **할 수 있다.**

---

3   Amílcar Cabral, *Return to the Source: Selected Speeches of Amílcar Cabral* (New York: Monthly Review Press, 1973), 51.

　엘리트 포획

우리는 더 잘할 수 있다. 하지만 그러한 전술에 관해 의미 있는 논의를 하기 전에, 어떤 방에서 그 논의가 이뤄지고 있는지 주목해 보는 것이 매우 중요하다.

지금 당장의 경우를 이야기해 보자. 당신과 나는 어떻게 이 지면을 통해 상호작용하게 되었을까?

나는 세상의 수많은 사람들처럼, 이 모든 문제에 관해 그저 혼자 읽고 생각할 수 있었다. 심지어 문제에 관한 생각을 친구와 동료에게 이야기할 수도 있었다. 하지만 그렇다고 해서 내가 **당신에게** 이야기할 수 있는 능력을 얻을 수 있는 것은 아니다.

인종자본주의의 규칙에 따르면, 세계에 엘리트 포획에 대한 통찰을 갖고 있는 사람이 수천 수백만 있다 치더라도, 그 통찰을 들을 정도로 여유가 있고 열린, 당신이라는 독자가 있는 방에 들어갈 수 있는 사람은 그중 극히 일부에 불과하다. 어쩌면 이 책과 책에 담긴 생각들이 당신이 있는 방에 들어간 것은 오로지 그러한 규칙 덕분일지도 모르겠다. 하지만 그런 규칙이 있다 하더라도 상관없이 당신과 함께했을지도 모른다. 어쩌면 규칙이 내가 주장한 것만큼 우리를 제약하지 않을 수도 있다.

활동가이자 혁명가인 릴리카 볼[4]은 우리가 어떤 사람이 되어야 하는지와 관련된 규칙이 우리가 행동할 때 실제 결정하는 선택과 다르다는 점을 알고 있었다. 어쨌든 그녀는 가끔씩 정해진 각본에서 벗어나곤 했고, 들어가서는 안 되는 방으로 들어가기도 하는 사람이었다.

1961년 6월, 이 젊은 카보베르데 학생은 분명 들어가서는 안 되는 방, 즉 스페인의 감옥에 들어간다.

릴리카는 더욱 신중했어야 했다. 그녀는 1934년, 카보베르데 산티아구 섬에 있는 도시 타하팔에서 태어났다.[5] 그로부터 2년 뒤, 포르투갈 제국은 타하팔 강제수용소Colónia Penal no Tarrafal(타하팔의 형벌 식민지)를 건설했고, 이 수용소는

---

4 [옮긴이] Lilica Boal, Maria da Luz Freire de Andrade(1934~): 카보베르데의 독립운동가, 사회운동가, 국회의원. 포르투갈 리스본으로 유학 후 1961년 귀국하여 무장 독립 투쟁에 참여하고 여성민주연합União Democrática das Mulheres에서 아프리카 여성들을 조직했다. 1974년부터 1979년까지 기니비사우 교육부에서 활동을 이어 가던 도중 1980년에 쿠데타가 발생하자 카보베르데로 돌아왔다. 귀국 후 카보베르데 최초의 여성 국회의원이 되어 여성들의 권익을 신장하는 데 앞장섰으며, 여성들을 대상으로 문해 교육과 소득 창출 교육 등의 활동을 벌였다.

5 [옮긴이] 카보베르데는 아프리카 대륙 서부에 위치한 섬나라다. 본래 무인도였으나 15세기 중반에 포르투갈 제국이 정착식민지를 건설하면서 대서양 노예 무역의 주요 거점으로 활용되었다. 제2차 세계대전이 끝난 후 당시 포르투갈령 기니(현 기니비사우)와 함께 독립운동이 일어났으며 1975년에 포르투갈로부터 독립했다. 수도 프라이아Praia가 위치한 산티아구 섬은 카보베르데의 가장 큰 섬이다. 타하팔은 산티아구 북부에 위치한 항구도시다.

　　　엘리트 포획

포르투갈 독재 정권에 반대한 반파시스트 인사들로 가득 찼다. 릴리카의 가족은 카보베르데인 중에서도, 특히 흑인 카보베르데인 치고는 비교적 부유한 편이었다. 볼 가문은 자산을 가지고 있었을 뿐 아니라 릴리카의 부모는 상인이었고 형벌 식민지를 고객으로 두고 있었다.

이와 같은 중간계급 지위를 달성하는 것은 매우 쉽지 않은 일이었다. 수 세기 동안 포르투갈 식민지 관료들은 플랜테이션 농장주들과 공모하여 카보베르데섬 주민들이 선박을 갖지 못하도록 막아 왔다. 그렇기에 여기 사는 주민들은 이 군도에서 나오는 막대한 해양자원을 통한 식량 안전과 경제적 기회를 얻을 수 없었다. 이러한 통제는 수 세기 동안 포르투갈 제국이 이 군도를 대서양 횡단 노예 무역의 중간 체류지로 사용했다는 점과 밀접하게 연관되어 있었다. 또한 포르투갈 제국이 이 군도를 추방된 범죄자, 정치적 망명자, 반란에 가담한 병사들의 격리 구역으로 활용했다는 점도 연관되어 있었다. 카보베르데는 포르투갈 제국에는 말 그대로 굴라크였다.[6]

릴리카는 수용소로 들어가는 트럭에 죄수들이 가득했던 것을 본 기억이 있었다. 비록 트럭에 설치된 창유리 때문

---

6 George E. Brooks, "Cabo Verde: Gulag of the South Atlantic: Racism, Fishing Prohibitions, and Famines," *History in Africa* 33 (2006): 101, https://doi.org/10.1353/hia.2006.0008.

에 바깥 사람들이 그 안에 갇힌 사람들이 누구인지 알아볼 수는 없었지만 말이다. 어느 누구도 이 사실을 이야기하지 않았지만 모두들 알고 있었다. 그것은 포르투갈 제국을 거역했을 때 치를 대가를 주기적으로 경고하는 것이었다.[7]

릴리카가 어린 시절에 겪었던 또 다른 연관된 사건도 그녀의 기억에 크게 남아 있었다. 그것은 1940년대에 일어난 심각한 기근인데, 이 기근은 45,000명이 넘는 목숨을 앗아갔다.[8] 카보베르데에서는 수 세기에 걸쳐 기근이 계속해서 일어났기에 1940년대에 일어난 기근은 그저 최근에 일어난 기근일 뿐이었다. 종종 카보베르데가 극단적인 식량 부족을 겪었던 이유로 가뭄이 이야기되었지만, 실제로는 더욱 복잡하고 완전히 인위적인 문제들 때문이었다. 토지에서 식량 생산이 적었던 것은 토양 고갈 및 침식에 의한 결과였다. 토양 고갈과 침식이 일어난 이유는 수 세기에 걸쳐 농장이 지속 불가능한 농경과 목축 활동을 이어 왔기 때문이었다.[9] 카보베르데인들은 노골적으로 예속되어 있었을 뿐 아니라 식

---

7 Lilica Boal, "Mulheres de Abril: Testemunho de Lilica Boal," *Esquerda*, November 24, 2019, https://www.esquerda.net/artigo/mulheres-de-abril-testemunho-de-lilica-boal/64575[2024년 7월 25일 접속 확인].

8 Brooks, "Cabo Verde," 134.

9 Brooks, "Cabo Verde," 107, 111.

엘리트 포획

민 당국에 의해 선박 소유가 금지되었기 때문에 농업 문제에도 더욱 취약하게 되었다. 카보베르데인들이 선박을 갖고 있었다면 해산물로 곡물을 대체할 수 있었을 것이다.[10]

수 세기 동안 인위적으로 만들어진 기근에 대한 취약성은 이 섬의 인종적 위계질서와 밀접하게 연관된 것이었다. 이 위계질서의 최상층에는 이베리아 반도 출신 극소수의 "슈퍼 백인" 브랑쿠branco(주로 총독, 군 수뇌부, 고위 성직자)가 있었다. 브랑쿠 바로 밑에는 카보베르데 군도 출신 백인인 브랑쿠 다 테하branco da terra가 있었고, 포르투갈 왕으로부터 토지를 수여받은 오래된 모르가두morgado 백인 가문들이 이 브랑쿠 다 테하를 이끌고 있었다. 이 토지 소유주들은 섬 인구의 5퍼센트 미만에 불과했으나 사실상 모든 경작지를 소유하고 통제했다. 브랑쿠 다 테하 밑에는 혼혈 인종인 파르두pardo가 있었고 이들 중 일부는 노예, 일부는 자유민이었다. 파르두는 유럽 복식을 입을 수 있는 등 브랑쿠의 특권 중 일부가 허용되었다. 위계질서 최하층에는 흑인인 프레투preto가 있었다. 노예 프레투는 일주일에 6일 동안을 강제로 노역하고 자기가 먹을 식량을 생산하는 데는 하루만 쓸 수 있었다. 프레투는 자유민이라도 소작일을 할 수밖에 없었고, 그것은 사실

---

10   Brooks, "Cabo Verde," 107.

상 노예제와 다르지 않았다. 1864년에 노예제가 폐지되면서 이 사회구조를 뒷받침하던 핵심적인 법적 기반은 무너졌으나, 그 이후로도 기근으로 인한 사망은 이 위계질서에 의해 만들어진 사회적 지위와 연관되어 있었다. 브랑쿠와 파르두는 위기가 닥치더라도 과수원을 갖고 있거나 귀중품을 팔 수 있었기에 식량을 얻을 가능성이 높았다. 수십 년마다 그런 일이 벌어졌다.[11]

이 두 가지 문제를 겪더라도, 카보베르데인들이 해외에서 식량을 지원받을 수 있었더라면 생존할 수 있었을 것이다. 그러나 역사학자 알렉산더 키즈는 1940년대에 카보베르데를 통치한 포르투갈 제국이 "식민지 대중을 최대한 착취하는 동학"에 진입하는 중이었다고 말한다. 포르투갈 제국은 식민지의 고통에 무관심했고 기초 인프라와 행정력에 투자하지도 않았다. 그 결과 식민지 어디를 가든 고통이 넘쳐날 수밖에 없었다.[12] 릴리카는 언젠가 카보베르데 총독이 도움을 요청하자 포르투갈 식민 당국이 보여준 반응을 회상한다. 식민 당국은 곧바로 섬에 돈을 보냈다. 그 돈은 타하팔의 묘지를

11 Brooks, "Cabo Verde," 107–111.

12 Alexander Keese, "Managing the Prospect of Famine: Cape Verdean Officials, Subsistence Emergencies, and the Change of Elite Attitudes During Portugal's Late Colonial Phase, 1939–1961," *Itinerario* 36, no. 1 (2012): 51.

엘리트 포획

늘리기 위한 돈이었다.[13]

릴리카는 더 많은 것들을 기억한다. 굶어 죽은 사람들의 시신이 길가에 널려 있었고, 그녀의 가족들은 주변 사람들을 먹이기 위해 음식을 만들었다. 하지만 그녀는 기아를 겪는 이들이 겪는 생존 투쟁으로부터 자신과 교도관 가족들이 동떨어져 있다는 느낌을 받은 것도 기억하고 있다.[14] 이런 동떨어진 느낌은 어느 백인 포르투갈인 가족이 릴리카의 가족을 방문하면서 바뀌게 된다.

릴리카 볼이 리스본에 어울리는 사람은 아니었듯이, 루이스 알베스 지 카르발류Luís Alves de Carvalho와 도나 헤르쿨라나Dona Herculana도 타하팔과 어울리지 않았다. 이 가족은 포르투갈의 대도시 포르투 출신이었고 루이스는 증권 중개인이었다. 그들이 타하팔이라는 작은 도시에 온 이유는 사업 기회를 찾기 위해서가 아니라 감옥 때문이었다. 이 부부의 청소년 아들이자 반파시스트주의자였던 길레르미 다 코스타 카르발류Guilherme da Costa Carvalho가 감옥에 갇혔기 때문이었다.[15]

타하팔 시내에는 호텔도 음식점도 없었다. 그렇지만 루

---

13   Boal, "Mulheres de Abril."

14   Boal, "Mulheres de Abril."

15   Boal, "Mulheres de Abril."

이스는 동업자로부터 릴리카의 가족에 관한 이야기를 들었고, 릴리카의 가족은 이 부부를 자기 집에 받아들였다. 포르투갈인 부부는 틈만 나면 자기 아들과 아들의 반파시스트주의자 동지들과 만났다.

이 부부가 포르투갈로 돌아가고 얼마 후, 릴리카는 리스본 대학교에 입학할 수 있는 흔치 않은 기회를 얻게 된다. 리스본에서 이 부부는 릴리카의 두 번째 가족이 되어 주었다. 릴리카는 길레르미가 타하팔에서 포르투갈 페니시Peniche에 있는 감옥으로 이감되자 그를 면회하러 가곤 했다.[16]

릴리카는 일부분 면회를 통해 포르투갈 좌파들을 점차 더 많이 만나기 시작한다. 그녀는 길레르미를 면회하면서 같이 구속된 반파시스트주의자들을 만나거나 그들에 대한 이야기를 들었다. 또한 이 포르투갈인 부부는 그녀에게 비르지니아 모라Virgínia Moura와 마리아 칼 브란당Maria Cal Brandão을 비롯한 포르투갈 공산당 당원들을 소개해 주었다. 또한 정치범 가족들을 가족 모임에 초대하기도 했다.[17] 나중에 릴리카는 앙골라 출신 의대생인 마누엘 볼Manuel Boal을 만났고, 그와 결혼하여 곧바로 첫째 딸 사라를 낳았다.

---

16   Boal, "Mulheres de Abril."

17   Boal, "Mulheres de Abril."

엘리트 포획

1960년에 릴리카는 리스본으로 이사했고 제국 학생의 집Casa dos Estudantes do Império에서 시간을 보냈다.[18] 그때 매우 중요한 만남이 이뤄졌다. 리스본에 와 있던 앙골라, 모잠비크, 상투메 프란시페, 기니비사우——포르투갈령 아프리카 식민지——출신 학생들은 제국 학생의 집에 모두 모여 자국의 상황을 논의하고, 자신들이 어떤 기여를 할 수 있을지 결정했다. 그들은 앞으로 어떤 일을 하든지 리스본에서는 그 일을 할 수 없다고 깨달았다. 그래서 그들은 포르투갈을 떠나 각자 고국으로 몰래 돌아가기로 결심한다. 즉, "싸움을 위한 항행flight to the fight"을 하기로 결심한다. 릴리카와 마누엘의 경우, 생후 17개월에 불과한 딸이 있었기 때문에 이런 결정을 내리기 매우 어려웠지만, 부부는 사라를 타하팔에 있는 릴리카의 어머니에게 맡기고 그 임무에 참여하기로 결정했다.

릴리카와 마누엘은 10파운드 여행가방에 소지품을 챙겨 제국 학생의 집에서 알게 된 다른 학생들과 함께 출발했다.

---

18 [옮긴이] 1943년 설립된 제국 학생의 집은 리스본에 유학 중인 포르투갈령 아프리카 식민지 출신 학생들을 동화시키기 위한 기관이었다. 그러나 본래 설립 의도와는 달리 반독재 반식민지 투쟁의 필요성을 촉진하고 아프리카 민족주의 문학이 번성하도록 하는 공간이 되었다. 아고스티뉴 네투Agostinho Neto, 아밀카르 카브랄, 페드로 피레스Pedro Pires, 마르셀리노 도스 산토스Marcelino dos Santos 등 아프리카 출신 유학생들은 포르투갈의 식민 지배에 맞서 고국으로 돌아가 앙골라, 기니비사우, 카보베르데, 모잠비크 등에서 식민지 해방운동을 이끌었다.

그들은 스페인 국경에 도착하고 난 뒤 뇌물을 주고 작은 밀수선에 숨어들었지만, 체포되어 스페인 유치장에서 이틀을 보냈다. 그곳에서 포르투갈 경찰은 스페인 경찰에게 이들을 포르투갈 당국에 인계할 것을 요청했다. 그렇지만 이들은 세계교회협의회Conselho Ecumenico das Igrejas가 스페인 당국을 압박한 덕분에 프랑스로 갈 수 있었다. 결국 부부와 동지들은 독일에 도착하여 가나의 총리 콰메 은크루마Kwame Nkrumah가 보낸 비행기를 타고 고국으로 돌아간다.[19]

그럼에도 그들은 해냈다. 릴리카는 포르투갈 제국에 맞선 카보베르데와 기니비사우의 혁명적 투쟁에서 중요한 역할을 했을 뿐 아니라 그 이후 이어진 국가 건설 프로젝트에서도 중요한 역할을 맡는다. 그리고 그녀는 카보베르데와 기니비사우가 군사전략을 수립하는 것뿐 아니라 교육에 대한 접근법과 함께 연대에 기반한 국제관계에 대한 접근법을 발전시키는 데도 도움을 주었다.[20]

19 Boal, "Mulheres de Abril."

20 Boal, "Mulheres de Abril"; António Tomás, *Amílcar Cabral: The Life of a Reluctant Nationalist* (London: Hurst & Co., 2021), 127–128.

존중 정치

　카보베르데와 기니비사우의 역사뿐 아니라 이 지역 사람들을 갈라놓은 인종, 젠더, 계급, 종교 등의 균열을 고려해 보면, 어떻게 이 지역에서 그리 성공적이지는 않았을지라도 혁명적인 투쟁이 일어날 수 있었는지 이해하기 어렵다. 사회적 상호작용의 규칙 때문에 어떤 연대도 실현될 수 없을 것처럼 보이기 때문이다. 실제로 릴리카가 사회적 각본을 충실히 따랐더라면 기니비사우-카보베르데 아프리카독립당Partido Africano para a Independência da Guiné e Cabo Verde, PAIGC[21]에 합류하기도 어려웠을 것이고, 당에서 중요한 역할을 맡기란 더더욱 어려웠을 것이다.

　하지만 앞 장에서 이야기한 요점은 우리가 사회구조와 역사 앞에서 무력하다는 이야기가 아니었다. 오히려 나는 사회가 우리에게 컨트롤러를 넘겨주기까지 이미 얼마나 많은

21　[옮긴이] 1956년 설립되어 포르투갈 식민 지배에 맞서 독립운동을 벌인 기니비사우와 카보베르데의 정당. PAIGC는 1959년부터 포르투갈군에 맞서 무장 투쟁을 벌였으며 1973년에 기니비사우와 카보베르데의 독립을 쟁취했다. 그러나 독립 이후 카보베르데와 기니비사우는 PAIGC가 지배하는 일당 독재 국가로 변모했으며, 특히 기니비사우의 경우 1980년에 주앙 베르나르두 비에이라João Bernardo Vieira가 기니비사우의 초대 대통령이자 독립운동가 루이스 카브랄을 몰아내고 정권을 잡으면서 일인 독재 체제로 변모했다. PAIGC 카보베르데 지부는 1980년 쿠데타가 벌어지자 카보베르데 아프리카독립당PAICV으로 분당했다.

게임을 플레이했는지를 밝혀내고자 했다. 그렇다 치더라도 우리는 유의미한 권력과 책임을 가질 수 있을 뿐 아니라 그것들을 갖고 있다. 심지어 매우 조작된 게임 메커니즘 안에서도, 우리는 힘을 갖고 있다.

이 조작된 게임에 대응하는 한 가지 방법은 우리가 머무르는 곳에 주목하는 것이다. 역사는 우리를 둘러싼 방을 만들어 왔다. 우리는 우리가 있는 장소만이 아니라 그 장소에 있는 사람들과 자원, 인센티브를 선택하지 않았다.

가장 먼저 우리는 우리가 있는 방에서 적용되는 규칙을 따라야 한다고 배운다. 기득권은 이러한 규칙을 결정해 왔고 이 규칙에는 자원이 어디에 있는지, 누가 그 자원을 접근할 수 있는지 등이 포함된다. 우리가 앞 장에서 살펴보았듯이 기득권은 심지어 환경이 우리의 행동에 어떻게 반응할지와 관련된 규칙까지도 설정하며, 대개 환경은 적대적으로 반응한다. 하지만 그들이 우리가 어떤 행동을 할지까지 직접적으로 통제하지 않는 것도 사실이다. 여기에 기회가 존재한다.

일상생활이라는 방 안에서 이뤄지는 대인관계 상호작용의 경우, 우리는 능동적으로 동의하는 규칙에 따라서 행동할 수 있다. 이 경우 왕이 세운 규칙은 무시된다. 우리는 이 방에서 우리의 발언으로 인해 어떤 반응이 일어날지까지 통제할 수는 없지만, 발언을 **할 수는** 있다. 또한 우리는 발언을 하지 않는 것도 선택할 수 있고 다른 누군가를 방으로 초대하여 발언하게 하거나 그들을 따르기로 결정할 수 있다.

이러한 기회들은 존중 정치에 사로잡히곤 한다. 존중 정치는 정의로운 상태로 한 발 나아가려면, 사람들의 상호작용을 주변화된 이들의 소망에 따라 수정해야 한다고 주장한다. 존중이라는 관점은 완전히 근거가 없는 이야기는 아니지만, 한계를 갖고 있을 뿐더러 오도될 가능성도 있다. 이러한 게임에서 엘리트 포획과 우리 사회구조의 여타 억압적 측면을 강화하지 않도록 하는 것은 우리의 생각보다도 훨씬 까다로운 일이다. 심지어 우리가 방의 권력 분배를 정확히 규명하는 전략을 사용하더라도, 이는 어려운 일이다.

어쨌든 백악관 상황실이나 뉴스룸, 협상장, 회의실 등 몇몇 방은 상당한 권력과 영향력을 갖고 있다. **이러한** 방 안에 있다는 것은 우리의 언행이 그 바깥에 있는 여러 제도만이 아니라 더욱 폭넓은 사회적 동학에 영향을 미친다는 것을 의미한다. 이러한 방에 있다는 것 자체가 일종의 사회적 우위이며, 이 사회적 우위는 대개 과거의 사회적 우위 덕분에 얻게 된 것이다.

존중 정치를 보여주는 대표적인 예시는 "가장 피해받은

사람들의 이야기를 듣자" 혹은 "가장 주변화된 이들을 중심에 놓자"라는 요구로, 오늘날 많은 학계와 활동가 집단 사이에 널리 퍼져 있다. 오늘날 많은 학계와 활동가 집단에서 이러한 요청을 흔하게 볼 수 있다. 이러한 요구는 내게 전혀 와닿지 않았다. 내가 학자이자 조직가로서 겪은 경험을 떠올려보면, 사람들은 "가장 피해 받은 사람들의 이야기를 들어" 볼필요가 있다고 이야기하곤 했지만, 그때 그들의 의도는 대체로 스카이프로 난민촌에 연결하거나 집 없는 사람들과 협력하자는 것이 아니었다. 이렇듯이 "가장 주변화된 이들을 중심에 놓자"는 생각에 따라 행동하려면, 완전히 다른 접근법이 필요하다. 왜냐하면 전 세계에 16억 명이 열악한 주거 환경에서 (슬럼과 같은 조건 속에서) 살고 있으며, 1억 명이 집을 갖고 있지 않기 때문이다. 세계 인구의 3분의 1이 안전한식수를 얻지 못한다. 게다가 기후 위기로 인한 식량, 에너지, 물 불안정이 맞물리면서 이미 남아시아에서만 이재민이850만 명가량 발생했고 수천만 명 이상의 이재민이 발생할수도 있기 때문이다.[22] 정말로 그러한 자세를 취하려면, 적

---

22 World Health Organization, "1 in 3 People Globally Do Not Have Access to Safe Drinking Water–UNICEF, WHO," news release, June 18, 2021, https://www.who.int/news/item/18-06-2019-1-in-3-people-globally-do-not-have-access-to-safe-drinking-water-unicef-who[2024년 7월 25일 접속 확인]; United Nations, "Affordable Housing Key for Development and Social Equality, UN Says on World Habitat Day," October 2, 2017, https://news.un.org/en/story/2017/10/567552-

엘리트 포획

어도 그 방에서 나와야 한다.

오히려 내가 경험한 "가장 주변화된 이들을 중심에 놓는 것"이란 대개 이미 방 안에 있는, 겉보기에 어떤 억압과 연관된 사회적 범주에 부합하는 사람들에게 대화의 권위와 주목을 넘겨주는 것을 의미했다. 그들이 실제로 어떤 경험을 했는지 논의 중인 문제에 대해 얼마나 알고 있는지 상관없이 말이다. 심지어 중요한 논의가 이뤄져 온 방에서도, 가령 미래의 연구자들이 사회현상을 이해하는 방법을 논의하는 방이나 활동가들이 목표를 결정하는 방에서도 존중이라는 규칙은 종종 방 안에서만 대화가 일어나고 그 대화에 가장 많이 영향을 받는 사람들은 방 바깥에 내버려두는 것을 의미했다.

이러한 특수한 존중 정치는 입장 인식론Standpoint Epistemology이라 불리는 이론적 지향에서 비롯되었다. 입장 인식론은 1970년대 페미니스트 단체에서 대중화된 이후로도 많은 활동가들과 학자들의 사유에 지속적으로 기여해 왔다.[23] 입장

---

affordable-housing-key-development-and-social-equality-un-says-world-habitat[2024년 7월 25일 접속 확인].

23 Briana Toole, "Demarginalizing Standpoint Epistemology," *Episteme* 1 (2020): 19; Briana Toole, "From Standpoint Epistemology to Epistemic Oppression," *Hypatia* 34, no. 4 (2019): 598–618; Internet Encyclopedia of Philosophy, "Feminist Standpoint Theory," *Internet Encyclopedia of Philosophy*, https://iep.utm.edu/fem-stan/[2024년 7월 25일 접속 확인].

인식론은 무해해 보이는 세 가지 관념으로 구성되어 있다.

1) 지식은 사회적으로 위치 지어진socially situated 것이다.
2) 주변화된 사람들은 몇몇 형태의 지식을 획득할 때 몇 가지 이점을 갖고 있다.
3) 연구 프로그램(과 다른 영역의 인간 활동)은 이러한 사실을 반영해야 한다.

이와 같은 관념은 쉽게 받아들일 수 있는 것이다. 리엄 코피 브라이트가 주장하듯이 어떤 진지한 경험주의 철학이라도 이 세 가지 주장을 모두 받아들일 것이다.[24] 게다가 이 세 가지 논점은 정치적으로도 중요하다. 생생한 경험이 가치를 지니고 있으며, 그 경험에서 지식이 나온다는 점을 지적하기 때문이다. 말 그대로 이러한 관념에 충실하다면 엘리트 포획에 저항하고 그것을 억제하는 데 도움이 될 것이다. 이 관념은 세계의 여러 제도가 불신하려고 하는 지식을 존중해야 할 근거를 제공해 줄 것이다.

하지만 문제는 세부 사항에 있다. 이러한 추상적인 관념을 실천으로 옮길 때 흔한 접근법은 대화 속에서 타인에 대

---

24 Liam Kofi Bright, "Empiricism Is a Standpoint Epistemology," *The Sooty Empiric* (blog), June 2018, https://sootyempiric.blogspot.com/2018/06/empiricism-is-standpoint-epistemology. html[2024년 7월 25일 접속 확인].

한 존중을 강조하는 것인데, 이러한 존중은 주목의 분배를 교정하기 위한 것이다. 즉, 이 접근법은 우리가 주변화된 이들에게 마이크를 건네주고 그 사람들을 믿고 지원할 것을 요청한다.

이러한 행동은 존중받을 만한 동기에서 비롯되었을 뿐 아니라 어느 정도 좋은 행동이기도 하다. 하지만 인종주의, 장애인 차별, 외국인 혐오, 가부장제 등의 억압은 태도와 대인관계상의 동학과 연관되어 있을 뿐 아니라 물적으로도 심각한 결과를 야기하는 것이다. 이러한 불의의 구조가 기초적인 인간관계의 안전, 주거, 보건 의료, 수자원, 에너지에 대한 접근성까지도 결정하기 때문이다. 우리는 태도에서 물적인 것까지, 편협함에서 비롯된 이 모든 결과들을 해결해야 한다.

존중 정치가 주목하는 결과들은 엘리트들이 주로 상호작용하는 방 안, 즉 교실, 이사회실, 정당에서 나타나는 결과들이다. 그 결과, 사람들을 살려내는 방법이 아니라 위원회 회의에서 업무를 배분하는 방법에 관한 실용적인 조언들을 훨씬 더 많이, 더욱 구체적으로 얻게 되는 것으로 보인다.

존중을 기본적인 정치적 방향으로 설정하면, 그 방향성이 주변화된 집단의 이해관계와 역행할 수도 있다. 우리를 둘러싼 어느 담론은 주변화된 이들을 대표하는 대변인과 도서목록을 선정할 때 나타나는 주목상의 불의에 주목하지만, 주목을 분배하는 데 훨씬 더 영향을 미치는 기업의 행동과 알고리즘에는 초점을 맞추지 않는다. 궁극적으로 이러한 담론은 주변화를 강화하는 방향으로 주목을 무기화하는 데 기여한다. 이는 우리가 통제할 수 있는 미약한 주목 권력을 모든 것을 엉망으로 만든 근본적인 정치의 문제가 아니라 상징적인 권력의 장소로 향하도록 할 뿐이다.

기억을 거슬러 올라가 보면, 존중 접근이 지닌 기회와 한계를 보여주는 강력한 예시를 찾을 수 있다. 2007년 버락 오바마가 미국 대통령 선거유세에 나섰을 때, 그는 앞서 세 차례의 당내 경선에서 힐러리 클린턴에게 두 번 패배한 후였다. 그는 지치고 의기소침한 모습을 보이며 사우스캐롤라이나주 그린우드에 있는 소수의 군중을 향해 연설했다. 갑자기 에디스 차일즈Edith S. Childs라는 참가자가 오바마를 격려하는 구호를 외쳤다. "분발해, 준비됐어!Fired up, ready to go!" 그녀 주변 사람들도 구호를 반복했고, 군중들이 보여주는 에너지는 점점 더 커져 갔다. 오바마가 이에 새로 활력을 얻고 사우스캐롤라이나주 경선에서 클린턴에 승리를 거두자, 이 구호는 젊은 신출내기를 백악관으로 이끈 선거 캠페인

엘리트 포획

슬로건이 되었다.[25]

2년 뒤, 오바마 대통령은 다시 연설 유세를 하게 된다. 이번에는 미네소타주 미니애폴리스에서 의료보험 접근성을 확대하기 위한 싸움에 대한 지지 연설을 하고 있었다. 오바마 대통령은 이렇게 설명했다. "저는 언제나 변화란 위에서 아래로 오는 것이 아니라고 믿습니다. 변화는 아래로부터 오는 것입니다. 변화는 당신의 이야기를 나누고 더 나은 것을 위해 싸우는 당신에게서 시작되는 것입니다."[26] 하지만 이 맥락에서 "아래로부터" 오는 변화가 무엇을 의미하는 걸까? 대통령은 매우 분명히 말한다. "그것은 누군가의 목소리가 방을 어떻게 바꿀 수 있는지 여러분에게 보여줍니다. 그리고 방을 바꾸고 나면, 도시를 바꿀 수 있습니다. 도시를 바꿀 수 있다면, 주를 바꿀 수 있습니다. 그리고 주를 바꿀 수 있다면, 나라를

---

25 Priscilla Frank, "Touching Animation Recounts Story of Obama's 'Fired Up, Ready To Go' Chant," *HuffPost*, January 19, 2017, https://www.huffpost.com/entry/animated-film-obama-fired-up_n_5880ebd4e4b0e3a73567767e[2024년 7월 25일 접속 확인]; Byron Tau, "The Story of 'Fired up! Ready to Go,'" *Politico*, April 4, 2012, https://www.politico.com/blogs/politico44/2012/04/the-story-of-fired-up-ready-to-go-119612[2024년 7월 25일 접속 확인]; Jeff Zeleny and Michael M. Grynbaum, "Obama Wins South Carolina Primary," *New York Times*, January 26, 2008, https://www.nytimes.com/2008/01/26/us/politics/26cnd-carolina.html[2024년 7월 25일 접속 확인].

26 "Fired Up? Ready to Go?," White House official website, September 13, 2009, available at https://obamawhitehouse.archives.gov/blog/2009/09/13/fired-ready-go[2024년 7월 25일 접속 확인].

바꿀 수 있습니다. 나라를 바꾸면, 세계를 바꿀 수 있습니다."
달리 말하자면, 오바마 대통령이 제시한 모델에서 변화란 승인된 경로와 위계를 통해 이뤄지는 것이었으며, 이 위계의 정점에는 대통령 본인이 있었다.

정치인과 공식적 선거 정치에 관해 이야기할 때, 우리는 엘리트들이 자기 이익을 위해 "아래로부터"라는 생각을 이용하는 모습을 경계하곤 한다. 하지만 정치철학자 조 프리먼이 주장하듯이 우리들이 속한 방도 이러한 현상에서 자유롭지 않다.[27] 프리먼에 따르면, 사람들이 서로 상호작용하는 집단은 의식적이든 무의식적이든 어떤 형태로든 구조를 형성한다. 그렇기 때문에 그 결과로 만들어진 구조가 자원, 책임, 주목, 권력을 분배하는 방식이 중요하다.

주변화된 집단 출신 엘리트들이 존중의 혜택을 얻는 것은 사회적 진보와 양립할 수 있다. 특히, 우리가 앞으로 올바른 행동을 취한다면, 그 엘리트들은 혜택을 얻을 것이다. 하지만 그러한 엘리트의 이해관계가 더 넓은 집단의 이해관계와 반드시 일치한다거나 그럴 수 있을 것이라고 취급하는 것은 감당할 수 없을 정도의 정치적 순진함일 따름이다. 이 맥락에서 보면, 엘리트의 이해관계에 대한 혼란은 인종적 레

27　Jo Freeman, "The Tyranny of Stucturelessness," Jo Freeman official website, https://www.jofreeman. com/joreen/tyranny.htm[2024년 7월 25일 접속 확인].

　엘리트 포획

이거노믹스의 역할을 한다고, 즉 주목 경제가 물질적 경제로 교환된다는 환상에 의존하는 전략의 역할을 한다고까지 할 수 있다.

우리가 고쳐야 하는 것은 사회구조 그 자체, 즉 우리가 상호작용하는 방과 그 방으로 구성된 집이다. 존중 전략은 이러한 목표와는 기껏해야 미약하게 연관되어 있을 뿐이다.

방 안에서의 시각

존중에 근거해 대중적으로 활용되는 입장 인식론이 왜 문제인지 말하려면 우선 입장 인식론이 대중화된 이유를 이해할 필요가 있다. 첫 번째 답변은 냉소적인 설명이다. 존중을 표하는 사람들은 어떤 관점이 중요한 것, 즉 숙고해야 할 것이라고 충분히 "격상"시킬 수 있을 만한 "방 안에 있는in the room" 특권을 가지고 있는 이들이다. 그러므로 이들이 피억압 공동체 출신 인물을 존중하는 까닭은 이 사실을 희석하거나, 사실에 대해 사과하거나, 사실로부터 **사람들의** 주의를 돌리는 행동이라는 답변이다.

조 프리먼은 〈구조 없음의 폭정〉이라는 영향력 있는 소논문에서 여성해방운동의 "구조 없음structurelessness"이 불평등하고 불공정한 권력 분배의 문제를 해결하지 못했다고 지적한다. 오히려 구조 없음은 좋은 지위에 있는 엘리트들이 맺는 비공식적 네트워크가 그 집단의 문화와 활동에 막대한 영향력을 미친다는 점을 숨기는 수단을 제공했다.[28]

존중 정치는 구조 없음과 다르게 그것이 낳는 분배적 결과를 숨기지 않는다. "마이크 건네기"나 "한 발 물러서기"와 같이, 다른 사람에게 주목이나 공간을 건네기 위한 가시적인 존중 행위는 그 약속대로 단기적으로 주목을 재분배하곤 한다. 하지만 존중 정치는 여전히 본질적인 권력관계를 숨길 수 있다. 특히 방에 있지 않은 사람의 맥락에서 이 행위를 생각해 보면 그것을 알 수 있다. 예를 들어 백인이 같은 방 안에 있는 유색인에게 마이크를 건네는 행위는 방 안의 전체 역학관계만 불분명하게 보이도록 하는 것이 아니다. 그 행위는 이 유색인 동료가 대표한다고 취급되는 "유색인"이라는 더 넓은 범주가 방 전체와 맺는 관계를 불분명하게 할 수 있다.

존중에 근거하여 입장 인식론을 실천하는 사람들 대부분이 정당한 이유로 그렇게 실천한다고 가정하는 편이 합리적일 것이다. 또한 이 사람들이 같은 방에 있는 사람들에 대해 공동의 도덕적 약속을 적절히 실천할 수 있도록 도움을 줄

---

28   Freeman, "Tyranny of Stucturelessness." [https://www.jofreeman.com/joreen/tyranny.htm]

수 있을 것으로 믿는다고 가정하는 편이 타당할 것이다. 실제로 이런 현상을 설명하려고 존중 정치를 실천하는 사람 모두 혹은 대부분이 악의를 갖고 있다고 단정할 필요는 없다.

진짜 문제는 나쁜 룸메이트가 아니다. 마찬가지로 좋은 룸메이트가 되는 것도 문제의 해법은 아니다. 진짜 문제는 우리가 여전히 방에 갇혀 있다는 것이다. 더 나은 정치를 바란다면 이러한 방들이 배치되는 방식, 방에 대한 접근을 통제하는 보안 시스템, 방 안에서 일어나는 일을 좌우하는 규칙에 맞서야 한다.

그 예시로, 어떻게 당신이 이 책을 읽게 되었는지, 즉 지금 어떻게 이 글을 통해 당신과 내가 상호작용하게 되었는지 다시금 질문해 볼 수 있다. 그 질문에 답하려면 이 책의 집필을 가능하게 한 역사, 정치, 지리 따위의 여러 층위를 고려해야 한다.

우리가 살아가는 사회체계의 수많은 측면들은 필터링 메커니즘의 역할을 한다. 즉, 어떤 상호작용이 누구와 누구 사이에 일어날지를 결정하며, 따라서 사람들이 어떤 사회적 양상을 관찰할 수 있는지를 결정한다. 20세기 대부분 기간 동안 미국의 이민쿼터제immigration quota system 때문에 오로지 유럽인들만이 합법적 이민을 통해 시민권을 취득할 수 있었다(법학자 제임스 Q. 위트먼의 표현에 따르면 아돌프 히틀러는 미국을 "노골적으로 인종주의적인 국적 및 이민 정책을 발전시킨 [세계적인] 선구자"로 주목했다).[29]

하지만 "숙련 노동자"를 선호하는 1965년의 이민국적법 Immigration and Nationality Act 덕분에 더 많은 이들이 이민을 올 수 있게 되었다. 내 가족도 이 법의 혜택을 받아 나이지리아에서 미국으로 이민을 왔고, 미국에서 매우 성공한 이민자 공동체인 나이지리아계 미국인 공동체의 일원이 되었다. 물론 약 112,000여 명 정도인 고학력 나이지리아계 미국인들이 하루에 1달러도 벌지 못하고 생활하는 8,200만 나이지리아인에 비하면 극히 소수라는 점은 언급되지 않지만 말이다.

선별적인 미국의 이민법은 나를 길러 낸 나이지리아 디아스포라 공동체가 성취한 교육 수준을 설명해 준다. 나아가 나의 교육적 발전에 영향을 준 부유함과 계급적 우위, 문화적 기대를 설명해 준다.[30]

---

29 Stephen Rohde, "The United States—A Model for the Nazis," *Los Angeles Review of Books*, September 3, 2017, https://lareviewofbooks.org/article/the-united-states-a-model-for-the-nazis/[2024년 7월 25일 접속 확인]; James Q. Whitman, *Hitler's American Model: The United States and the Making of Nazi Race Law* (Princeton, NJ: Princeton University Press, 2017). [한국어판: 《히틀러의 모델, 미국: 미국의 인종법은 어떻게 나치에 영향을 미쳤는가》, 노시내 옮김, 마티, 2018]

30 "Forty Percent of Nigerians Live below the Poverty Line: Report," *Al Jazeera*, May 4, 2020, https://www.aljazeera.com/economy/2020/5/4/forty-percent-of-nigerians-live-below-the-poverty-line-report[2024년 7월 25일 접속 확인]; "The Most Successful Ethnic Group in the U.S. May

내가 자라 오면서 누린 계급적 우위는 내가 초등학교 중학교 시절에 어느 방에서 교육받고 사회화되었는지를 설명해 준다. 나아가 이는 고등학교 시절에 보다 불우한 출신의 다른 학생들이 보충수업을 받은 것과 달리 내가 예외적으로 선이수제 수업Advanced Placement을 받고 우등반에 들어갈 수 있었던 점을 설명해 준다. 또한 이는 다른 사람들은 합격하지 못한 대학교에 합격했다는 점을 비롯한 나의 고등교육에 대한 접근성을 설명해 준다.

실제로 교육체계는 선별의 과정을 적절하고 매우 명확하게 보여주는 예시다. 이러한 궤적은 엘리트 포획에 관한 **내** 생각이 《필로소퍼》에서 받아들여지고 출간된 이유를 설명해 준다.[31] 게다가 이제 내가 철학자가 아닌 이들도 읽을 수 있는 책 한 권을 쓰기 위한 자원을 갖게 된 이유도 설명해 준다. 이 사례는 사회학 연구자들이 지칭하는 "누적 이익cumulative advantage "혹은 "마태 효과Matthew effect"를 잘 보여준다. 어제 성

Surprise You," *OZY*, January 6, 2018, https://imdiversity.com/diversity-news/the-most-successful-ethnic-group-in-the-u-s-may-surprise-you/[2024년 7월 25일 접속 가능 주소 대체]; Leslie Casimir, "Data Show Nigerians the Most Educated in the U.S.," *Chron*, May 20, 2008, https://www.chron.com/news/article/Data-show-Nigerians-the-most-educated-in-the-U-S-1600808.php[2024년 7월 25일 접속 확인].

31 See Olúfẹ́mi O. Táíwò, "Being-in-the-Room Privilege: Elite Capture and Epistemic Deference," *The Philosopher* 108, no. 4 (2020).

공한 사람들은 오늘의 보상을 가져갈 가능성이 높고, 그 덕분에 내일의 보상을 얻을 가능성도 높아진다.[32]

이러한 선별이 이뤄진다는 점을 고려하면, 이러한 존중적 형태의 입장 인식론이 엘리트 포획이 대규모로 일어나는 데 어떤 식으로 기여하는지 쉽게 알 수 있다. 교육 수준이 높을수록 그들의 사회 경험은 협소해진다. 일부 학생은 박사과정에 들어가지만 다른 학생은 감옥에 들어가기 때문이다. 그리고 우리가 맞서고자 하는 매우 억압적인 구조는 누가 어디로 가는지를 대부분 설명한다. 정체성을 존중 정치의 방식으로 다룬다면, 이러한 선별 과정이 야기한 왜곡을 물려받기 쉽다.

하지만 **이** 방, **이** 사회적 공간, **이** 대화라는 개별적인 상황을 살펴보면, 존중이 타당해 보이는 이유도 쉽게 알 수 있다. 이전의 인식 절차에 비해 존중이 나을 수 있기 때문이다. 엘리트의 방 안에 있는 흑인은 이 공간에 있는 비흑인보다 경찰 폭력과 대규모 구금에 대해서 더 잘 생각할 수 있는 위치에 있다. 그렇기에 단 한 명의 이야기만을 경청해야 한다면,

---

32 Robert K Merton, "The Matthew Effect in Science: The Reward and Communication Systems of Science Are Considered," *Science* 159, no. 3810 (1968): 56–63; Paul D Allison, J Scott Long, and Tad K Krauze, "Cumulative Advantage and Inequality in Science," *American Sociological Review*, 1982, 615–625; Robert J Sampson and John H Laub, "A Life-Course Theory of Cumulative Disadvantage and the Stability of Delinquency," *Developmental Theories of Crime and Delinquency* 7 (1997): 133–161.

그 사람이 부유한 특권층 흑인이라 하더라도 흑인에게 듣는 편이 부유한 특권층 백인인 경우보다 나을 것이다. 그렇지 않으면 이 부유한 특권층 백인이 논의를 지배할 것이기 때문이다. 달리 말하면 방과 방의 목적, 방 안의 사람들에 관해 우리가 고정불변하다고 여기는 사실과 마주할 때, 존중은 우리가 할 수 있는 최선인 것처럼 종종 보이곤 한다.

하지만 이러한 사실은 우리가 절대 고정불변한 것으로 두고 싶어 하지 않는 사실이기도 하다. 우리의 목표가 그저 노골적인 전 지구적 아파르트헤이트의 역사에서 물려받은 인식적 규범보다 조금 더 나은 일을 하는 것에 불과하다면, 이는 너무나도 낮은 기준 설정이다.

어떤 방에 **누가** 있게 되는지 설명하는 사실들은 우리가 세계를 형성하고자 할 때, 이미 그 방에 존재하는 사람들 사이에서 상대적 특권을 놓고 벌어지는 말다툼보다 더욱 강력한 힘을 발휘하고 있다. 그리고 그 방 안에서 사회정의에 관한 대화가 이루어지는 경우라면, 누가 방에 들어올지 결정하는 사회적 메커니즘이야말로 변화가 필요한 것일 수 있다. 가령 수감자들이 자유에 관한 학문적 논의에 참여할 수 없다는 사실은, 이 수감자들이 물리적으로 감옥에 갇혀 있다는 사실과 긴밀하게 관련되어 있다.

그렇다 하더라도 존중은 매력적인 특징을 갖고 있다. 어쨌든 영향력 있는 방에 있으면서도 다른 이들에게 존중을 받는 사람들은 그들이 대표하는 더 큰 집단에 비하면 "엘리트"일 수 있지만, 그들과 같은 방에 있는 다른 이들에 비하면 상대적으로 열위에 있기 때문이다.

자신을 인지할 때 그리고 입장 인식론에 충실하기 위해 존중을 드러낼 때, 우리는 우리가 주변화되는 방식을 부각하곤 하지만 우리가 주변화되지 않는 방식을 중시하지는 않는다. 절대적인 의미에서 특권층인 사람(말하자면 "기초적 필요"에 안전하게 접근할 수 있는 세계의 절반에 속한 사람)은 자신이 특권층이라 할지라도 자신들이 직면하는 사회 세계의 역학관계에서 항상 최하층에 있다고 느낄 수 있다. 우리가 속한 방, 즉 우리가 실제로 경험하는 사회적 동학은 우리의 정치적 주체성과 자기감sense of ourselves을 발전시키고 다듬는 데 중심적인 역할을 수행하기 때문이다.

존중은 도덕적으로 중요한 현실적 경험들이 저평가당하고 무시당하며 외면받고 묵살되는 것에 반응한다. 다른 사람들이 더 심각한 문제를 마주한다는 사실이 상대적으로 우위에 있는 사람들을 향한 편협함을 정당화하지는 않는다.

사람들은 정책 개혁과 물질적 재분배만이 아니라 존경,

존엄, 일부 인정 수단을 위해 경쟁하고 있으며 경쟁해야만 한다. 우리 모두에게는 이러한 주목이라는 재화를 받을 자격이 있지만, 종종 그 자격은 거부되곤 한다. 심지어 주변화되고 낙인 찍힌 집단에서는 "엘리트"들이라도 그 자격을 거부당하곤 한다. 게다가 집단적 승리를 통해 존경과 돌봄을 얻어 내기도 하고 패배로 인해 그것을 집단적으로 잃어버릴 수도 있다. 방의 안팎이 **어느 정도** 연관되어 있기 때문이다. 그러므로 존중으로 해석된 입장 인식론은 이 엘리트에게는 중요한 비인식적non-epistemic 호소력을 지닌다. 그것이 주목과 존경을 제공하는 도덕적으로 중요한 실천에 직접적으로 영향을 미치기 때문이다.

이렇듯 상대적으로 주변화된 자신에게만 주목하는 모습은 그 주변화와 관련된 위계질서에서 자신보다 아래에 있는 사람들과의 접촉이 통제되거나 방지될 때 특히 나타나기 쉽다. 그리고 이러한 통제와 예방이야말로 방이 하는 중요한 일이다. 이렇게 개인적인 것을 부각하는 모습이 나타나는 이유는 생생한 경험을 중시하는 "입장 인식론"의 에토스와 전혀 모순되지 않는다. 왜냐하면 우리가 개인적으로 부각하는 우리 자신이 주변화되는 방식이 **여태 경험해 온** 세계와 일치하곤 하기 때문이다. 그리고 개인적인 것에 집중하는 편이 존중 인식론deference epistemology을 실천하는 이들의 입장에서는 다소 편리한 방안일 수도 있다. 그렇다 하더라도 나는 냉소적인 관점이 그 사람들의 노력을 지나칠 정도로 전혀 인정하지 않는다고 생각한다. 존중 인식론을 실천하는 많은 사람들은 그저 자신이 할 수 있는 한에서 최선을 다하고 있을 뿐이다.

그렇지만 이러한 현상은 입장 인식론의 장점인 관점의 중요성을 인정한다는 점이 존중 정치로 단순화될 경우 단점이 되어 버리는 이유도 드러낸다. 구조적인 관점에서 살펴보면, 우리가 들어가지 **않은** 방과 우리가 겪지 **않은** 경험이 (그리고 우리가 그 방과 경험을 회피할 수 있었던 이유들이) 방 안의 어떤 것보다도 세계뿐만 아니라 우리의 위치에 대해 더 많은 것을 알려 줄 수 있다. 만일 그렇다면 입장 입식론에 대한 존중적 접근법이 가장 주변화된 사람들을 "중심에 놓는 것" 혹은 그들의 이야기를 듣는 것을 실제로는 **방해**한다고까지도 말할 수 있다. 왜냐하면 그러한 접근법은 우리가 차지하고 있는 방 안의 상호작용에는 주목하도록 해 주지만, 우리가 대개 할 필요가 없거나 하지 않은 상호작용을 고려하라고는 하지 않기 때문이다.

존중을 받는 사람들 입장에서 보면, 존중은 집단을 약화시키는 규범을 더욱 강화시킬 수 있다.

사회운동가이자 작가, 학자인 새라 슐먼은 저서 《갈등은 폭력이 아니다*Conflict Is Not Abuse*》에 트라우마와 우월감이 낳는 심리적 효과에 대해 관찰한 도발적인 이야기를 적었다. 트라우마와 우월감은 종종 상이한 이유로 발생하고, 완전히 다른 도덕적 지위를 갖고 있지만, 비슷한 행동 양상을 낳는다. 그중에서도 가장 대표적인 모습은 (종종 갈등의 해악을 과장하면서) 갈등의 심각성을 왜곡하는 것과 다른 사람들의 독립성을 적대적인 위협이라고 이야기하는 것(가령 올바른 주제나 사람들을 "중심에 놓지" 못했다고 비난하는 것)이다. 이러한 행동은 그 경위가 어떻든 간에 해로운 결과를 낳는다. 특히 공동체의 규범이 그러한 행동을 제한하거나 조절하는 게 아니라 확대시키거나 증식할 경우, 더욱 해로운 결과를 낳는다.

존중하는 사람들 입장에서 보면, 이러한 습관은 도덕적인 비겁함을 더욱 키울 수 있다. 그 이유는 존중이라는 규범이 책임을 회피하기 위한 사회적 변명거리를 제공하기 때문이다. 존중은 현재 우리가 해야 할 일들을 영웅 개인이나 집단, 신화적인 과거로 떠넘긴다. 이 영웅들의 관점이 특정 문제에서는 더 올바를지도 모르지만, 전반적으로 영웅들의 관점도 우리의 관점과 달리 특별하다거나 역사에 구애받지 않는 것은 아니다. 더욱 중요한 점은, 존중이 우리 모두가 짊어져야 할 책임을 일부 사람에게만 부여한다는 점이다. 그리고 대개 완전무결한 사람이라는, 완전히 허구적인 인물에 그 책임을 부과한다.

주변화된 개인에 대한 존중과 마찬가지로 공동체와 그 공동체의 문화에 대한 존중도 많은 위험을 안고 있다. PAIGC 투사 아밀카르 카브랄은 수 세기 동안 계속된 반흑인 인종주의만이 아니라 아프리카 역사와 문화가 열등하다는, 널리 퍼진 가정에 대해서도 대응할 필요가 있다고 강조했다. 물론 그는 단일한 아프리카 문화가 존재한다는 주장은 거부했다. 하지만 그는 설령 그런 단일 문화가 존재할지라도, 그 문화를 참고한다 해서 어떻게 정치적으로 행동하고 스스로를 조직해야 하는지에 대한 질문에 답하지 못할 것이라고 주장한다. 왜냐하면 "모든 문화는 본질적 요소와 부차적인 요소, 강점과 약점, 미덕과 결점, 긍정적 측면과 부정적 측면, 진보의 요소와 정체와 퇴행적 요소로 이뤄져" 있기 때문이다. 그는 더 나아가 "문화가 지닌 요소가 퇴행적이거나 퇴행적일 수 있음을 고려하지 않고 문화의 가치를 무분별하게 수용하는 것"이 인종주의적으로 아프리카를 평가절하한

엘리트 포획

결과만큼이나 "해가 될 것"이라고 주장했다.[33]

존중이라는 전술은 우리를 비판과 의견 불일치에서 멀어지게 하면서 연결과 변혁과도 멀어지게 한다. 존중은 우리가 다른 사람들의 투쟁에 공감하고 진정성을 갖고 투쟁에 함께하지 못하게 한다. 함께하는 것이 연합 정치의 선행 조건인데도 말이다.

게다가 정체성이 점점 더 세분화되고 의견 불일치가 더욱 깊어질수록 우리는 (차이를 넘어서는 투쟁으로 이해되는) "연합 정치"가 사실은 정치의 핵심이라는 것을 깨닫게 된다. 그러므로 정치 공동체의 파편화가 반정치적인 것처럼, 그 파편화를 야기한 존중 정치의 지향점도 결국 반정치적이다.

상호 의존이 아니라 존중을 선택하면 심리적인 상처를 잠시 달랠 수 있을지도 모른다. 하지만 존중을 선택하게 되면 프로젝트를 시작하게 된 목표가 약화되어 버리는, 상당한 대가를 치르게 된다. 그리고 특권이 아닌 자유를 위한 싸움, 협소한 이해관계만이 아니라 집단적 해방을 위한 싸움에 도움이 되지 않는 정치가 강화된다.

33   Cabral, "National Liberation and Culture," *Transition*, no. 45 (1974): 12–17.

존중 정치는 **무엇**, 즉 생생한 경험에 주목하는 것이 실로 중요하며 차이에 주목하는 것이 정치적으로 중요하다는 것에 대해서 이야기한다는 점에서 올바르다. 하지만 존중 정치는 **어떻게**에 대해서는 틀린 이야기를 한다. 왜냐하면 한정된 공간 안에서 상호작용 규범을 방 **안의** 목소리와 관점을 겉으로 중시하도록 변화시키는 데만 집중할수록, 방 **바깥의** 세계를 바꾸는 일은 더욱 어려워지기 때문이다.

철학자 C. 티 응우옌이 2장에서 상기시켜 주었듯이 체계의 권력은 게임 디자이너의 손안에 있다. 그리고 이 권력이 구축한 사회, 경제, 문화 심지어 주목적attentional 환경은 우리가 게임의 계획에 따르도록 이끈다.

이번 장 맨 앞에서 인용한 연설문에서 아밀카르 카브랄은 이러한 체계적인 통제가 지닌 또 다른 중요한 측면에 대해 설명한다. "제국주의 지배가 안정되기 위해서는 문화적 억압, 즉 직간접적으로 피지배 민중의 문화의 본질적 요소를 해체하는 노력이 필요하다." 카브랄이 보기에 문화란 우리 자신의 삶을 설계하고 조직하는 집단적인 능력이고, 우리 자신의 역사를 움직이는 엔진이다. 이 능력은 디자인하고 통제하는 사람이 되고자 하는 제국주의자들의 목표와 직접적으로 대립한다. 그렇기 때문에 제국주의적 지배는 "지배의 물질적 측면이 무엇이든 간에 피지배 민중의 문화적 삶을 영구적이고 조직적으로 탄압해야만" 지속될 수 있다.[34]

이는 존중이 지닌 핵심적인 문제점을 가장 잘 드러낸다. 존중은 집 전체를 재구성하는 우리의 역량을 이미 만들어져 있는 특정한 방에 한정시킨다. 존중은 주변화된 목소리와 관점에 대한 존중인 것처럼 이야기되지만, 창의적으로 만들 수 있는 공간을 사회가 만든 청사진에 양보한다. 이런 이유에서 존중을 기존 사회구조에 대한 존중이라고 이해하는 것이 더 정확할 수도 있겠다.

나는 다른 접근법을 주장해 보려고 한다. 이 접근법은 우리가 대부분 통제할 수 있는 상호작용에서 출발해야 한다는 점을 인정한다. 하지만 이러한 상호작용 방식을 변화시킬 때 핵심이 바로 우리의 상호작용만이 아니라 사회 전체를 재구축하는 것이라는 점을 놓치지 않는다. 따라서 이 접근법에 근거하면 우리는 **구성적** 정치를 할 수 있다.

구성적 정치는 구체적인 목표와 최종 결과를 추구한다. 구성적 정치가 불의에 대한 "공모"를 피하는 것을 목표로

---

34   Cabral, "National Liberation and Culture."

삼지 않는 이유는, 불의가 어떤 식으로든 살아남을 것이라고 생각하기 때문이다. "인식론" 내지 지식의 실천에 대해 생각해 보면, 구성적 정치는 정보를 취합하는 제도와 실천에 주목한다. 그리고 이러한 제도와 실천은 그저 오늘날 우리의 방에서 나타나는 증상만이 아니라 사회적 불의 그 자체에 맞서는 데 전략적으로 유용하다.

일반적으로 구성적 정치는 상징으로 나타나는 중간 목표를 추구하는 것이 아니라 사회적 자원과 권력을 재분배하는 작업에 착수하는 정치다.

이 접근법은 많은 것을 요구한다. 우리에게 상류로 거슬러 올라가라고, 방에 없는 사람들에 대해 책임지고 반응하라고 요구한다. 그저 고상한 모습으로 역사가 우리에게 만들어 놓은 방을 둘러보는 것이 아니라 우리가 함께 있을 수 있는 방을 구축하라고 요구한다.

세계를 재구축하는 데는 많은 것들이 요구된다. 이러한 요구들을 하나로 모으는 방법, 그것은 존중 정치가 아니다. 바로 구성적 정치다.

엘리트 포획

4. 새로운 집 짓기

저항은 다른 것을 만들기 위해 어떤 것을 파괴하는 것이다. 이것이 저항의 정의다. 우리가 우리 땅에서 파괴하려는 것은 무엇인가? 바로 포르투갈 군인들의 식민 지배다. 그것만 파괴하려는가? 그렇지 않다. 동시에 우리는 언제가 됐든 우리 땅에서 식민 지배나 다른 형태의 외세 지배가 이뤄지는 것을 원하지도 않는다. 우리는 기니와 카보베르데에서 우리 사람들이 자손 대대로 스스로의 운명을 결정하기를 원한다. 이것이 바로 우리의 일차 목표다.

_ 아밀카르 카브랄, 《여러 형태의 저항에 대한 분석》[1]

파울루 프레이리는 매우 배고픈 어린 시절을 보냈다.

물론 더 나쁜 상황을 겪을 수도 있었다. 프레이리는 1921년 브라질 헤시피Recife에서 태어났다. 프레이리는 나중에 헤시피가 "제3세계의 가장 극심한 빈곤과 저개발 상태의 중

---

1 Amílcar Cabral, *Análise de Alguns Tipos de Resistência, Edição Do PAIGC* (Bolama: Guiné-Bissau Imprensa Nacional, 1979) http://www.cd25a.uc.pt/media/pdf/Biblioteca%20digital/Nreg%20200715_%20Amilcar%20Cabral_Analise%20se%20alguns%20tipos%20de%20resistencia.pdf. [옮긴이] 저자가 포르투갈어에서 영어로 번역한 것을 한국어로 옮겼다.

심지들 가운데 하나"였다고 회상한다.[2] 중산층이던 프레이리 가족은 평소 경제적 안정을 누렸지만, 경제 대공황이라는 예외적인 상황으로 잠시 어려움을 겪게 된다.[3] 그러면서 파울루 프레이리와 형제들은 잘사는 사람과도, 가난한 사람과도 사회적으로 연결된 "이중적인 존재"가 되었다.

프레이리는 굶주림을 겪으면서 "변두리 빈민촌" 아이들과 공통의 경험을 하게 되었지만, 무조건적으로 그렇게 된 것은 아니었다. 프레이리와 형제들은 여전히 "우연히 빈민촌 아이들의 세계에 합류하게 된 다른 세계의 아이들"처럼 보였다.[4] 굶주림은 "어떤 기별도 없이" 그의 가족에게 "일방적으로 찾아와서 특별한 목적도 없이 마냥 머물렀을" 뿐이었다. 그렇게 굶주림이 피아노가 있는 거실이 있는, 넥타이를 매고 출근하는 남성이 이끄는 가정에 도착했다. 피아노와 넥타이는 프레이리 가문이 필사적으로 매달린 계급적 지위를 드러내는 표식이었다.

아마도 그것 때문이었을 수도 있지만, 이 가족에게 굶주

---

2 Paulo Freire, *Pedagogy of the Oppressed: 30th Anniversary*, M. B. Ramos, trans. (New York: Continuum, 1970), 30. [한국어판:《페다고지》, 남경태 옮김, 그린비, 2018, 34쪽]

3 Paulo Freire, *Letters to Cristina* (London: Routledge, 2016), 21. [한국어판:《크리스티나에게 보내는 편지: 나의 삶과 일에 대한 성찰》, 남경태 옮김, 2011, 37쪽]

4 Freire, *Letters to Cristina*, 21. [같은 책, 37-38쪽]

림은 영향을 미치기도 전에 왔다가 떠났다. 프레이리 가족 아이들이 우연히 만난 "다른 세계"에서 살아가는 수백만 브라질 노동자계급에는 영향을 미쳤지만 말이다. 어린 시절, 파울루 프레이리의 친구 중 많은 아이들이 팔다리와 손가락이 얇아지고 가냘퍼지고 눈이 움푹 파이게 되었다. 굶주림은 여행가방이 아니라 이삿짐 트럭을 갖고 이 아이들을 찾아 왔고, 이렇듯 지속적인 영양실조의 징후를 아이들에게 남겼다.

그랬을지라도 프레이리는 결코 이 굶주림을 잊지 않았다. 1964년에 브라질 군부가 미국의 지원을 받아 쿠데타를 일으켜 독재 정권을 수립하자, 그는 브라질을 떠나 망명한다. 6년간의 망명 생활 동안, 그는 가장 영향력 있는 저서인《페다고지》에 이 망명 생활의 경험을 기록했다.[5] 이 책은 여러 핵심적인 아이디어를 도입하는데, 그중에는 그가 지칭한 은행 저금식 교육banking model of education에 대한 비판도 있다. 은행 저금식 교육 모델에 따르면 교사는 가난한 학생들을 교사들이 가진 정보로 채워야 할, 수동적이며 비어 있는 수용체로서 바라본다.[6]

---

5 Freire, *Pedagogy of the Oppressed*, 35. [한국어판:《페다고지》, 남경태 옮김, 그린비, 2018, 41쪽]; Anthony W. Pereira, "The US Role in the 1964 Coup in Brazil: A Reassessment," *Bulletin of Latin American Research* 37, no. 1 (2018): 5–17.

6 Freire, chapter 2 in *Pedagogy of the Oppressed*, 71–86. [같은 책, 85-104쪽]

이 교육 모델과, 모델이 가정하는 수여하는 교사와 수용하는 학생의 변하지 않는 역할은 극복해야 할 장애물이다. 아동 교육이든 성인 교육이든, 은행 저금식 교육은 스스로 생각하지도 행동하지도 않는 "자동인형automatons"을 만들어 내려고 시도한다. 그리고 **의식화**conscientização(비판적 의식), 즉 상호 해방적 교육을 통해서 "피억압자" 출신과 "억압자" 출신이 서로를 인간화하는 관계를 가로막는다.[7]

의식화는 엘리트 포획과는 완전히 다른 목표를 가지고 있다. 엘리트 포획과 의식화 둘 다 엘리트와 비엘리트를 하나로 모으지만, 엘리트 포획은 엘리트의 이해관계를 위해 비엘리트를 동원함으로써 그 분열을 영속화하고 이용한다. 반면 의식화는 엘리트와 비엘리트의 구분을 완전히 제거할 상호 해방적 정치 프로젝트를 추구하는 것을 목표로 한다.

프레이리의 주장에 따르면 교육에 대한 이 해방적인 접근법은 학생도 교사도 어떤 상황에서든 그 상황 속에 지식을 가져다줄 수 있다는 점을 인식하는 것에서 시작한다. 그것이 "교육"에 의존해 오던 여러 사회적인 관계만을 변혁시키는 것을 넘어서 애초에 타인의 기계 톱니바퀴처럼 살던 삶까지도 변혁하게 될 것이다. 즉, 사회 그 자체를 변혁할 것이다. 그

---

7 Freire, *Pedagogy of the Oppressed*, 74–76. [같은 책, 89쪽]

래서 프레이리는 자신이 접근할 수 있고 권위를 갖고 있던 공간인 교실에서부터 활동을 시작했다.

새로운 집 짓기: 릴리카, 파울루, PAIGC

우리가 살아가는 세계 정치체계, 즉 우리 모두가 방을 차지하고 있는 큰 집에 관한 이야기는 포르투갈 제국의 탐험과 정복에서부터 시작된다. 앞 장에서 우리는 어떻게 릴리카 볼이 그녀가 있었던 교실에서 대담하게 탈출했는지 살펴보았다. 교실을 떠난 그녀는 어떤 투쟁에 참여했는데, 그것은 바로 포르투갈 제국에 맞서 일어난 투쟁이었다.

1492년, 크리스토퍼 콜럼버스는 스페인 국기를 걸고 항해에 나섰다. 같은 해에 기독교 세력은 (소위 레콩키스타를 완수하면서) 마침내 이베리아 반도에서 최후의 무슬림 왕조를 몰아낸다. 그보다 훨씬 전부터 포르투갈은 오랫동안 식민지를 건설하고 무역관계를 수립하려고 노력했다. 그리고 이 노력은 대서양 횡단 노예 무역을 낳았고 나아가 근대적 세계 경제를 낳았다.[8]

---

8 Francisco J. Beltrán Tapia et al., "A Brief History of the Reconquista (718–1492 AD): Conquest, Repopulation and Land Distribution," *Documentos de Trabajo de la Sociedad Española de Historia Agraria*, 2004.

포르투갈인 탐험가들은 15세기 대부분의 기간 동안 아프리카의 서쪽 연안을 항해했고 "발견의 땅lands of discoveries"에 대한 포르투갈의 배타적 권리를 주장했다. 포르투갈은 아시아, 아프리카, 아메리카 대륙을 제국주의적으로 정복하고 귀금속과 인신매매를 통해 부를 벌어들였다. 그 덕분에 병력과 부를 갖추게 된 포르투갈은 최초의 근대적 초강대국이 되었으며, 한동안 유럽에서 가장 부유한 나라가 되었다.[9]

포르투갈이 "발견"한 곳 중에는 오늘날 기니비사우와 카보베르데라는 나라가 있는 지역도 있었다. 1446년에 탐험가들은 기니비사우에 상륙했고 1456년에는 기니비사우 인근의 군도인 카보베르데에 상륙했다. 당시 기니비사우는 만딘카Mandinka 족이 지배하는 카부Kaabu 제국의 중심부에 있었다.[10] 카부 제국을 지배하는 만사mansa(지배층)는 금, 상아, 노예를 거래하는 사하라 횡단 무역의 허브를 통제했고, 그 덕분에 갖춘 힘을 통해 서아프리카의 광범위한 지역에 막대한 영향력을

---

9   Peter Karibe Mendy, *Amílcar Cabral: A Nationalist and Pan-Africanist Revolutionary* (Athens: Ohio University Press, 2019), 24–28, 37.

10 [옮긴이] 카부 제국(1537-1867)은 16세기 중반부터 서아프리카 지역을 지배한 여러 제국 중 하나다. 주로 기니비사우 북동부에 거주하는 만딘카 족은 1537년까지는 서아프리카를 지배하던 말리 제국의 지배를 받고 있었으나 말리 제국이 쇠약해지면서 독립한다. 카부 제국은 영토 확장 전쟁을 통해 노예를 거래하며 성장했으나 1867년에 푸타 잘론 이맘국과 벌인 칸살라Kansala 전투에서 패전하면서 멸망했다.

행사했다.[11]

카부 제국은 아프리카 대륙에서 전쟁을 벌이면서 전쟁 포로들을 새로운 인신매매 네트워크에 팔기 시작했다. 그리고 이 새로운 네트워크인 대서양 횡단 노예 무역은 범위와 규모, 착취의 심각성 면에서 아프리카 대륙 수준의 네트워크를 아득히 능가했다. 그리고 대서양 횡단 노예 무역으로 인해 노예로 사로잡힌 이들과 그들의 노동력은 유럽의 식민지 정복에 투입되었다.[12]

유럽의 식민지 정복이 시작된 후로도 몇 세기 동안, 유럽의 식민지 영토 중 대부분이 아메리카 대륙에 있었다. 하지만 그중 카보베르데는 예외였다. 아프리카 서해안에 있는 이 열도에는 아무도 살지 않았을 뿐 아니라 새롭게 떠오르는 대서양 횡단 무역의 정거장으로 삼기에 좋았다. 그렇게 해서 포르투갈 정착민과 아프리카인 노예가 이 섬에 살게 되었다. 또한 카보베르데는 기니비사우를 비롯한 서아프리카의 많은 지역을 정복하기 위한 집결지로 활용되었다. 카보베르데인들은 종종 노예 무역만이 아니라 기니비사우 식민지를 관리하는 중간 관리자 역할을 맡곤 했다.

11 Peter Karibe Mendy, "Portugal's Civilizing Mission in Colonial Guinea-Bissau: Rhetoric and Reality," *International Journal of African Historical Studies* 36, no. 1 (2003): 35–58.

12 Mendy, *Amílcar Cabral*, 24–28.

릴리카가 태어날 무렵인 1900년대에 이미 유럽 국가들은 노예 무역만이 아니라 전 지구 식민지 개척으로 부와 권력을 축적했고, 이 부와 권력을 이용하여 카보베르데와 기니비사우(당시 "포르투갈령 기니")를 비롯한 아프리카 대륙의 대부분 지역에 공식적인 식민지 지배를 확립했다. 오랫동안 포르투갈인들은 식민지를 통제하면서도 이 군도를 통한 노예 무역이 낳은 고통에 대해서는 관심을 전혀 보이지 않았다.

카보베르데는 수 세기 동안 여러 번 가뭄을 겪었고, 결국 가뭄으로 인해 독립운동이 일어났다. 그러자 런던의 식민 관료들은 항의하는 어느 카보베르데 변호사에게 이렇게 이야기했다. "카보베르데에 자주 비가 내리지 않은 것이 정부 잘못은 아닙니다."[13] 십중팔구, 릴리카의 어린 시절도 그녀의 부모나 조부모의 어린 시절과 그리 다르지 않았을 것이다.

포르투갈 군부는 군사 "진압 작전"을 벌이며 포르투갈의 통치에 대한 저항을 잔인하게 억눌렀고, 굶주림과 불안정을 참을 수 없었던 사람들을 공포에 떨게 했다.[14] 1926년에 포르투갈 민주공화국이 해체되면서, 이러한 군국주의적인 모습은 더욱 거세어졌을 뿐이었다. 조합주의자 독재자인 안토니

13   Mendy, *Amílcar Cabral*, 29.

14   Mendy, *Amílcar Cabral*, 33.

우 살라자르[15]가 포르투갈 민주공화국을 대체하여 파시즘 체제인 이스타투 노부Estado Novo——포르투갈어로 새로운 국가라는 뜻——를 수립했기 때문이었다.[16]

1960년, 카보베르데와 인근 기니비사우에서 이스타투 노부에 도전하는 한 단체가 등장한다. 바로 PAIGC였다. 당은 시위와 노동자 파업을 중심으로 한 전략을 활용하면서 포르투갈 정부와 3년 동안 협상을 시도했다. PAIGC는 비폭력 노선을 취했지만 탄압당했으며, PAIGC에 대한 탄압은 피지귀티Pidjiguiti 항구에서 평화롭게 파업을 벌이던 항만 노동자 50명이 학살당하는 사건이 벌어지면서 절정에 이른다.[17] 학살이 벌어지자 PAIGC는 포르투갈에 맞서 무장 게릴라 저항 운동을 시작한다. 학교를 떠난 릴리카는 이 싸움에 합류했고, 그 싸움

---

15 [옮긴이] António Salazar(1889-1970): 1932년부터 1968년까지 포르투갈 총리를 맡은 정치인, 독재자. 1926년 쿠데타 이전에는 코임브라 대학교 경제학 교수로 재직했다. 쿠데타를 이끈 오스카 카르모나 장군의 제안을 받아 재무부 장관을 맡으면서 정치를 시작했다. 1968년 뇌출혈을 겪고 2년이 안 되어 사망했다.

16 Luís Reis Torgal, "Estado, Ideologia e História de Portugal," *Revista de História* 8 (1988): 345–355.

17 Stephanie Urdang, "Fighting Two Colonialisms: The Women's Struggle in Guinea-Bissau," *African Studies Review* 18, no. 3 (1975): 29. [옮긴이] 피지귀티항 사건은 1959년 8월 3일, 포르투갈 경찰이 기니비사우 항만 노동자들을 학살한 사건이다. 1956년에 항만 노동자들은 낮은 임금과 열악한 노동 조건에 항의하며 파업을 벌였으나 성공하지 못했다. 1959년 다시 파업이 조직되자 포르투갈 경찰은 수류탄을 던지고 총을 발사하는 등 파업을 잔혹하게 진압했다. 기니비사우에서는 매년 8월 3일을 희생자의 날이라는 이름의 국경일로 지정하고 기념하고 있다.

덕분에 결국 두 나라는 각각 1973년과 1974년에 독립을 쟁취하게 된다.[18]

PAIGC가 다방면으로 벌인 활동이 성공하는데 수많은 요인이 기여했다. 그 요인들 중에는 제2차 세계대전 이후 (1975년 가나 독립을 선두로) 수십 년 동안 아프리카와 아시아에서 일어난 독립운동의 물결이 있었다. 여러 독립운동을 연결하는 상호 원조 및 연대의 네트워크도 하나의 요인이었다. 특히 포르투갈 지배에 맞서 싸우던 (앙골라와 모잠비크를 비롯한) 아프리카 국가들도 한 요인이었다.

역사가 소니아 바스 보르헤스는 PAIGC가 벌인 혁명적 활동에서 종종 간과된 측면에 주목하게 한다. 바로 PAIGC의 전투적인 교육과 의식 제고 활동이다.[19] 카보베르데와 기니비사우는 식민적 교육체계를 물려받았고, 이 식민적 교육체계는 "동화된 아프리카인"으로 이뤄진 엘리트 계층을 만들어내고 교육하기 위해 설계된 것이었다. 그리고 이 엘리트 계층은 식민지 프로젝트를 공동으로 경영할 뿐 아니라 동화되지 않은 아프리카 "원주민"들을 노동력으로써 활용할 수 있게

---

18 Sónia Vaz Borges, *Militant Education, Liberation Struggle, Consciousness: The PAIGC Education in Guinea-Bissau 1963–1978* (Berlin: Peter Lang, 2019).

19 Vaz Borges, "The PAIGC's Freedom Fighter. The Process of Becoming Conscious and a Militant (1940's-1972)," *Militant Education*, 23–53.

엘리트 포획

하는 역할을 맡았다.[20] 반대로 PAIGC의 전사들은 교육 프로그램을 발전시켰고, 이 프로그램은 포르투갈 식민적 교육체계가 낳는 해악에 대응하고 식민 지배에 맞서 자결권과 저항을 뒷받침하기 위해 설계된 것이었다.

그렇기에 PAIGC의 무력 투쟁은 "교육 전선"에서 일어나는 포괄적인 전투도 포함하고 있었다. 기니비사우 전사 아그넬로 헤갈라Agnelo Regala는 이 교육 전선이 "다른 전선만큼이나 중요했습니다"라고 말했다. "왜냐하면 우리가 독립을 책임질 준비가 되어 있지 않으면, 고국을 해방하는 일도 그럴 가치가 없기 때문입니다."[21] 기초 문해력과 정치 교육은 이 투쟁의 모든 측면에 필요한 훈련으로 간주되었다.[22]

바스 보르헤스는 생존한 PAIGC 전사들을 인터뷰하고 문헌을 연구하여 이 전사들이 수많은 현실적 장애물을 극복했다는 점을 밝혀냈다. PAIGC는 신문을 창간하고 배포했지만 낮은 성인 문해율 때문에 그것이 효과적일지 문제가 제기되었다. 동시에 아이들을 위한 학교 교육은 아이들의 노동에 의존하는 가족 농장과는 상충하는 것이었고, 그렇기에 자급자

---

20 Vaz Borges, *Militant Education*, 25.

21 Vaz Borges, *Militant Education*, 119.

22 Vaz Borges, *Militant Education*, 126.

족 농업으로 생계를 이어 가던 가족들의 생계와 생존을 위협했다. 일부분은 그런 이유 때문에 여자아이들도 학교에 보내야 한다는 PAIGC의 주장은 일부 지역에서 저항에 부딪히게 된다. 안전에 대한 우려와 자원의 제약은 당시 포르투갈 군부에 맞선 무장 투쟁으로 인해 더욱 큰 문제가 되었고, 언제나 PAIGC의 활동에 큰 걸림돌이 되었다. 게다가 PAIGC의 세속적 교육체계는 포르투갈의 기독교적 교육체계와 무슬림 및 애니미즘 공동체가 선호하는 두 가지의 다른 교육체계 사이에서 신중하게 협상되어 왔던 힘의 균형을 무너뜨릴 조짐까지 보였다.[23]

PAIGC는 신중하고 전략적인 관계를 구축하며 이러한 문제에 대응했다. 그중에는 신생 아프리카단결기구Organization of African Unity와의 관계도 포함되었다. 아프리카단결기구의 해방위원회는 해외에서 받은 물질적·군사적 지원을 아프리카 대륙의 여러 반식민지 운동에 제공하는 통로 역할을 했다.[24] 소련과 혁명 이후의 중국은 여러 반식민지 운동에 상당

---

23 Vaz Borges, "Building and Organizing Educational Structures in Guinea Bissau (1963-1972)," *Militant Education*, 53–98.

24 [옮긴이] 아프리카단결기구는 1963년에 아프리카의 독립과 경제 발전을 위해 신생 아프리카 국가들이 결성한 국제기구로 2002년 아프리카연합으로 대체되었다. 해방위원회는 아직 식민 지배하에 있던 아프리카 국가들의 독립 투쟁을 지원하기 위해 설립된 아프리카단결기구 산하 기구이다.

엘리트 포획

량의 무기와 군사 훈련을 제공했다. 단순히 식량이나 군복 같은 물질적 지원을 제공하는 것에 만족하지 않았던 쿠바는 군대를 파견했다. 전쟁이 계속되는 동안 쿠바와 같은 조치를 취한 나라는 없었다.[25]

(기니비사우와 인접한) 신생 독립국인 기니의 대통령 아메드 세쿠 투레Ahmed Sékou Touré는 조종사 학교 설립에 필요한 시설을 기부했다. PAIGC는 적십자사와 (해방 투쟁의 "우호자"라는 평가를 받는) 어느 유엔 고위 관료로부터 자원을 지원받아 공군사관학교Escola Piloto를 창립했다. 릴리카 볼은 이 공군사관학교의 교장으로 임명되었다.

이러한 연합의 반대편에 포르투갈 파시즘 정권을 뒷받침하는 연합이 있었다. 나토 회원국인 포르투갈은 기니비사우를 폭격할 때 영국, 프랑스, 독일, 미국 및 (오늘날 록히트 마틴으로 알려진) 미국의 록히드사가 제공한 수송기 및 폭격기 수십 대 등의 도움을 받았다.[26]

25   R. A. Akindele, "Africa and the Great Powers, with Particular Reference to the United States, the Soviet Union and China," *Africa Spectrum*, 1985, 125–151; Julião Soares Sousa, "Amílcar Cabral, the PAIGC and the Relations with China at the Time of the Sino-Soviet Split and of Anti-colonialism: Discourses and Praxis," *International History Review* 42, no. 6 (2020): 1274–1296; Catarina Laranjeiro, "The Cuban Revolution and the Liberation Struggle in Guinea-Bissau: Images, Imaginings, Expectations and Experiences," *International History Review* 42, no. 6 (2020): 1319–1338.

26   Suzanne Lipinska, "Two Weeks With the Guinea-Bissau Liberation Army," in *Cinéma Chez Les Balantes*, trans. Caroline Higgitt (Ghent: KIOSK, 2014), 40.

PAIGC 공군사관학교는 PAIGC 전사의 자녀들만이 아니라 포르투갈의 폭격과 보병대가 만들어 낸 전쟁 고아들을 거둬들였다. 릴리카와 동지들은 공군사관학교에서 학생들을 가르치면서 세계 각지에서 상당한 지원을 받았다. 그들이 사용한 수업 자료는 스웨덴에서 인쇄한 것이었으며, 스웨덴 사회민주당은 그 수업 자료에 일부분 재정을 지원했다. 아이들을 먹여살린 것은 쿠바가 기부한 식료품이었다(또한 쿠바 정부는 의사들을 파견하여 아이들에게 의료를 제공했다). 그리고 릴리카와 동지들은 해외로부터 자원을 지원받아 학생들을 위한 연구실을 유지할 수 있었다.[27]

하지만 바스 보르헤스가 설명하듯이 PAIGC의 활동은 아동 교육에 그친 것이 아니었다. PAIGC는 성인 교육을 더욱 활성화하기 위해 성인용 및 청소년용 신문을 출판하면서 부족한 점을 집단적 독서 토론 모임을 통해 보완했다. PAIGC는 아동 교육이 잘 이뤄질 수 있도록 마을 어른들과 협상했다. PAIGC는 아이들이 당이 운영하는 학교와 종교 학교에 모두 다닐 수 있는 체계를 구축했으며, 종교의례를 당의 전통에

---

27   Vaz Borges, *Militant Education*, 125; Lilica Boal, "Mulheres de Abril: Testemunho de Lilica Boal," *Esquerda*, November 24, 2019, https://www.esquerda.net/artigo/mulheres-de-abril-testemunho-de-lilica-boal/64575[2024년 7월 25일 접속 확인].

엘리트 포획

포함시켰다.[28] 그들은 소련에 여성 대표단을 파견하여 간호사 교육을 받게 했다. 여성 대표단이 귀국하자 더 많은 젊은 여자아이들이 파견에 지원했다. 자급자족 농민으로 이뤄진 이 나라에서 학교 수업은 아이들이 수업에 참여하기 쉽도록 농사 일정을 따라 계획되었다.[29]

　　PAIGC는 공개적으로 여성이 해방 투쟁에 완전히 참여하는 것을 목표로 밝히고 있었고, 이 목표를 조직화 실천과 규칙에 반영하였다. 예를 들어, 결과적으로 PAIGC는 해방 지역을 조직하기 위한 마을위원회를 선출할 때 적어도 다섯 명 중 두 명은 여성이 포함되도록 요구했다.[30] 연구자 스테파니 어당에 따르면, 1959년에 초창기 PAIGC 조직가들이 변경 지역으로 가서 의식을 제고하기 위한 토론을 열었을 때는 극소수 여성만이 참여했다. 하지만 10년 뒤, PAIGC가 개최한 회의에 참석한 남성과 여성은 거의 동수가 되었다.[31] PAIGC의 무장 조직에는 여성 민병대도 있었고, 여성 민병대는 PAIGC의 공중 보건 자문관을 많이 배출했다.[32]

28　Vaz Borges, *Militant Education*, 66.

29　Vaz Borges, *Militant Education*, 62–65.

30　Urdang, "Fighting Two Colonialisms," 30.

31　Urdang, "Fighting Two Colonialisms," 30.

32　Lipinska, "Two Weeks with the Guinea-Bissau Liberation Army," 9.

1973년, 카보베르데와 기니비사우는 포르투갈 제국을 물리치고 독립을 쟁취했다. 포르투갈에서 파시스트 정권 이스타투 노부를 물리친 혁명이 일어나고 1년 뒤인 1975년, 포르투갈 정부는 독립을 승인했다.

PAIGC는 무장 투쟁을 국민 (정체성) 건설nation building이라는 다른 형태의 투쟁으로 전환하기 시작했다. 1973년 9월에 PAIGC가 권력을 장악하자, 당 프로그램에 등록한 학생의 숫자가 두 배 이상으로 늘어났다. 하지만 당이 포르투갈군과의 싸움에 주력하느라 이 새로운 과제에 필요한 교사가 부족했다. 당의 물질적 자원이 충분치 않았기 때문에 새로운 교육자료를 만들지도, 해방 투쟁을 통해 발전시킨 새로운 교육 방법에 따라 당 간부들을 빠르게 훈련시키지도 못했다. 그렇기 때문에 릴리카와 동지들은 자신들에게 주어진 유일한 선택지가 기존의 식민지 포르투갈식 교육 자료와 구조를 활용하면서도 "그것들을 안전하게 변화시키는" 것이라고 생각했다.[33]

파울루 프레이리와 그가 창립하고 회원으로 있는 문화실천연구소Institute for Cultural Action가 자문 역할을 맡게 되었다.[34] 그 이유 중 일부는 PAIGC가 해방 투쟁 동안 (공군사관학

---

33 Vaz Borges, *Militant Education*, 163.

34 [옮긴이] 파울루 프레이리는 1971년 스위스 제네바에서 교육 연구 단체 문화실천연구소를 설립했고, 연구소 활동가들과 함께 탄자니아, 기니비사우, 카보베르데 등 아프

교 전투원들의 선구적인 기여에 힘입어) 발전시켜 온 교육 프레임워크가 프레이리가 브라질에서 망명하기 전에 정교하게 만든 이론과 유사한 관점을 가지고 있었기 때문이었다.[35]

이러한 노력을 기울였지만, 행복한 결말은 존재하지 않았다. 포르투갈과의 전쟁으로 인해 기니비사우의 기반시설이 많이 파괴되었을 뿐 아니라 이용 가능한 경작지도 전쟁 이전보다 3분의 1 수준으로 줄어들어 있었다. 그렇게 된 이유는 한편으로는 포르투갈 군대가 광범위한 폭격 작전을 벌였기 때문이었고, 다른 한편으로는 PAIGC에 동조하지 않았던 (혹은 할 수 없었던) 마을 사람들이 좁고 빽빽한 농경지로 모여들면서 토양이 빠르게 고갈되었기 때문이었다.[36]

기니비사우의 경제위기는 여러 사회적 분열을 더욱 악화시켰다. 당과 전통적 지도층 사이의 분열만이 아니라 도시 지역과 농촌 지역의 분열, 서로 다른 종족 집단 사이의 분열

리카 지역에서 교육 지원 활동을 펼쳤다. 프레이리와 연구소 활동가들은 1975년에 기니비사우를 방문하고 여러 차례 편지를 보내며 기니비사우의 문해 교육에 대해 자문했다. 다음을 참고하라. 파울루 프레이리 지음, 《과정으로서의 교육: 기니비사우에 보내는 프레이리의 편지》, 유성상 외 옮김, 박영스토리, 2020; 파울루 프레이리, 도날도 마세도 지음, 《문해 교육: 파울루 프레이리의 글 읽기와 세계 읽기》, 허준 옮김, 학이시습, 2014.

35 Vaz Borges, *Militant Education*, 164–66.

36 Marina Padrão Temudo and Manuel Bivar Abrantes, "Changing Policies, Shifting Livelihoods: The Fate of Agriculture in Guinea-Bissau," *Journal of Agrarian Change* 13, no. 4 (2013): 575.

이 심해졌다. 매우 중요한 점은 기니비사우인과 카보베르데인 사이의 분열이 더욱 심해졌다는 것이다. 당 지도부에서 지나치게 많은 자리를 차지했던 카보베르데인들은 대개 도시 지식인이었으며 전쟁에서 최악의 폭력과 고통에 노출되어 있던 농민들과는 다른 이해관계를 갖고 있었다. 왜냐하면 전쟁 초기, 거의 대부분의 전투가 기니비사우에서 일어났기 때문이다.[37] 더욱이 카보베르데인들은 포르투갈 제국으로부터 오랫동안 특별 대우를 받으면서 식민 지배의 중간 관리자 역할을 해 왔기 때문에 상당한 원한을 샀을 가능성이 높다.[38]

이러한 긴장이 정점에 달하면서 1980년에 당에서 카보베르데 지부를 축출하는 쿠데타가 일어났다. 카보베르데 지부는 카보베르데 아프리카독립당PAICV, African Party for the Independence of Cape Verde이 되었으며 오늘날까지도 카보베르데의 주요 정당으로 남아 있다. 1980년의 쿠데타 이후에도 기니비사우에서는 PAIGC 내 여러 분파들이 당 안팎의 권력을

---

37 António Tomás, *Amílcar Cabral: The Life of a Reluctant Nationalist* (London: Hurst & Co., 2021), 127.

38 Maria do Carmo Rebouças da Cruz and Ferreira dos Santos, "A Recolonização de Guiné-Bissau Por Meio Das Representações Negativas Realizadas Pelos Organismos Internacionais de Desenvolvimento: De 'Estado Frágil' a 'Narco-Estado,'" *Desenvolvimento Em Questão* 17, no. 47 (2019): 156–178; Tomás, *Amílcar Cabral*.

엘리트 포획

놓고 싸우면서 쿠데타와 반反쿠데타가 반복적으로 일어났다. 결국 전직 PAIGC 전사들을 비롯한 당 엘리트들 손에 권력이 점차 집중되었다.[39] 기니비사우의 역사가 줄리오 소아레스 소사는 탄식하며 기니비사우의 "고통스러운 최근의 역사"가 낳은 산물들을 언급한다. 권력 장악을 위한 싸움은 오명을 낳았고, 기니비사우 사람들이 정치체계와 PAIGC를 신뢰하지 않게 되었으며, 기니비사우 엘리트들은 자국의 막대한 문제에 직면하여 효과적인 행동을 보여주지 못했다. 이 모든 문제들의 기저에 가치관의 왜곡이 깊게 자리하고 있다.[40]

설상가상으로 라틴 아메리카에서 마약 밀수 단속이 증가하면서 기니비사우는 전 지구적 불법 마약 거래, 특히 코카인 거래의 중심지가 되었다. 카보베르데와 기니비사우는 아프리카 서쪽 연안에 위치했기 때문에 대서양 횡단 노예 무역의 전략적 요충지가 된 바 있다. 마찬가지로 마약 밀수꾼들이 베네수엘라 및 콜롬비아와 수익성 높은 유럽의 마약 시장 사이의 경유지인 기니비사우로 모여들었다. 학자들은 신

39 Thomas C. Bruneau, "The Guinea-Bissau Case" in Security Forces in *African States*, Paula Shmella and Nicholas Tomb, ed (Amherst, NY: Cambria Press, 2017).

40 Julião Soares Sousa, "Prefácio," in *Por Uma Reinvenção Da Governabilidade e Do Equilíbrio de Poder Na Guiné-Bissau: Diálogos e Olhares Cruzado a Partir Da Diáspora* (Middletown, CT: independently published, 2014), 3–4.

중하게 주장했지만, 전 세계 언론은 기니비사우를 "아프리카 최초의 마약 국가narco-state"라 표현하면서 전 세계 코카인 중 4분의 1이 이 소국을 통해 밀수되고 있다고 주장했다.[41] 전 세계 코카인 소비가 "사상 최고치"를 기록하는 등 최근의 추세 때문에 일부 논평가들은 마약 밀수업자들이 비슷한 방식으로 카보베르데 내부로도, 카보베르데를 경유해서도 마약 밀수를 확대하고 있을지 모른다고 예상하고 있다.[42]

그렇지만 새로운 국기를 세운 것 외에도 의미 있는 성과를 거두기도 했다. 많은 이들이 기니비사우를 ("마약 국가"로 다루지 않을 경우) "실패 국가failed state"로 간주하지만, 그 기니비사우조차도 일부 성과를 거두었다.[43] 교육이 그러한 성과

---

41 Mark Shaw, "Drug Trafficking in Guinea-Bissau, 1998–2014: The Evolution of an Elite Protection Network," *Journal of Modern African Studies* 53, no. 3 (2015): 339–364; Emmanuel Uzuegbu-Wilson, "A Critical Review of Evolutionary Trends of Drug Trafficking in Guinea-Bissau," *Social Science Research Network*, 2019.

42 "Is Cape Verde Doomed to Become a Narco-State?," *ENACT Africa*, June 4, 2019, https://enactafrica.org/enact-observer/is-cape-verde-doomed-to-become-a-narco-state[2024년 7월 25일 접속 확인]; Colin Freeman, "The Cocaine Highway: On the Front Line of Europe's Drug War," *Telegraph*, November 3, 2019, https://www.telegraph.co.uk/news/drug-trafficking-in-cape-verde/[2024년 7월 25일 접속 확인].

43 Ashley Neese Bybee, *Narco State or Failed State? Narcotics and Politics in Guinea-Bissau* (Fairfax, VA: George Mason University Press, 2011); Sonia Pires, "Guinea-Bissau Immigrant Transnationalism in Portugal: A Substitute for a Failed State?," *African and Black Diaspora: An International Journal* 6, no. 2 (2013): 145–173.

중 하나다. 기니비사우는 독립을 기회로 삼았고, 독립 전 2퍼센트 수준에 불과하던 15~24세 문해율은 60퍼센트까지 상승했다.[44]

카보베르데의 경우, 독립 후 수십 년 동안 국가 소득이 열 배 증가했고, 덕분에 세계 최빈국에서 벗어나 "중간소득국"이 되었으며 아프리카에서 매우 안정적으로 성장하는 경제권이 되었다.[45] PAIGC가 공동체 차원의 권력 및 의사결정을 강조했던 점 또한 여전히 살아남은 것으로 보인다. 다른 지역에서 혁명이 독재 정치에 빠져들었던 것과 다르게 카보베르데는 그러한 유혹에서 벗어났기 때문이다. 외국의 일부 논평가들은 카보베르데를 "아프리카의 예외"이자 "아프리카의 가장 민주적인 국가"라고까지 부른다.[46]

이러한 혁명적 투쟁이 그저 카보베르데와 기니비사우만 해방시킨 것은 아니었다. 이 투쟁은 포르투갈도 해방시켰다.

44 "Guinea-Bissau," UNESCO, November 27, 2016, http://uis.unesco.org/en/country/gw; Bruneau, "The Guinea-Bissau Case."[2024년 7월 25일 접속 불가 확인].

45 African Development Bank, "Cape Verde: A Success Story," November 2012, https://www.afdb.org/sites/default/files/documents/projects-and-operations/cape_verde_-_a_success_story.pdf[2024년 7월 25일 접속 확인].

46 Peter Meyns, "Cape Verde: An African Exception," *Journal of Democracy* 13, no. 3 (2002): 153–165; Bruce Baker, "Cape Verde: The Most Democratic Nation in Africa?," *Journal of Modern African Studies*, 2006, 493–511.

릴리카 볼의 회상에 따르면 PAIGC의 지도자 중 한 사람이었던 아밀카르 카브랄은 자신들의 투쟁이 식민주의라는 체계에 반대하는 투쟁이지 포르투갈 민중들에 대한 투쟁이 아니라고 강조했다.[47] PAIGC는 실제로 이 약속을 충실히 이행했다. 전투적인 여성 당원 카르멘 페레이라[48]는 고위급 정치국 위원이었으며 PAIGC에서도 매우 지명도 높은 당원이었다.[49] 페레이라는 언론인 쉬잔 리핀스카Suzanne Lipinska에게 정체성 정치에 대한 자신의 입장을 설명하면서, 우리가 명심해야 할 점을 간단히 설명했다. "우리를 억압하는 백인도 있었지만, 우리를 돕는 백인도 있었습니다."[50] 1969년, 카브랄은 〈포르투갈 민중에게 보내는 메시지〉라는 적절한 제목의 라디오 연설을 통해 이 점을 전 세계에 분명하게 밝히면서 PAIGC가 이스타투 노부 정권에 맞선 포르투갈 사람들의 편에 서 있

---

47   Boal, "Mulheres de Abril."

48   [옮긴이] Carmen Pereira(1936-2016): 기니비사우의 여성 정치인. 1962년 PAIGC에 가입하고 독립 투쟁에 적극 참여했다. 알제리에서 개최된 범아프리카여성기구Pan-African Women's Organization에 참여하고 소련에서 의학을 배우는 등 기니비사우의 보건 의료와 여성 인권을 위해 힘썼다. 1981년부터 1983년까지 기니비사우 보건부 장관을 맡았고 1984년에 기니비사우 대통령직을 대행하는 등 정치에 참여했다.

49   António Tomás, *Amílcar Cabral: The Life of a Reluctant Nationalist* (London: Hurst & Co., 2021), 137; Lipinska, "Two Weeks With the Guinea-Bissau Liberation Army," 2.

50   Lipinska, "Two Weeks With the Guinea-Bissau Liberation Army," 17.

다고 분명히 밝혔다.[51]

　이 연설은 전시 선전으로서도 매우 영리했지만, 실은 선전보다 더 많은 것을 보여주었다. PAIGC가 대체로 포르투갈인 전쟁포로들에게 관용을 베풀고 이들을 석방했기 때문이다. 포르투갈군은 대체로 포로로 잡은 PAIGC 전사들을 처형했다. 반면 PAIGC는 자신들이 포르투갈군과 다르다는 점을 말보다는 행동으로 전달하려고 노력했다.[52] 아밀카르 카브랄도 포르투갈령 아프리카 식민지 출신 동지들처럼 리스본에서 교육을 받았고, 리스본 내 반파시스트 단체의 주요 회원으로서 앙골라의 아고스티뉴 네투와 같은 흑인 동지들만이 아니라 마리우 소아레스Mário Soares와 같은 백인 동지들과 함께 이스타투 노부 정권에 맞서 위험한 정치적 행동을 감행했다(마리우 소아레스는 미래에 포르투갈 사회당 당대표가 될 뿐아니라 이스타투 노부 이후 포르투갈의 대통령이 된다).[53] 민족학ethnic studies 연구자 레일란드 라바카는 아밀카르 카브랄의 사상을 "세계적이고 역사적인 이론"이라고 표현하면서, 그 이

51　Amílcar Cabral and Richard Handyside, "Message to the People of Portugal" (Khartoum, 1969), available at https://www.marxists.org/subject/africa/cabral/1969/mpp.htm[2024년 7월 25일 접속 확인].

52　Lipinska, "Two Weeks With the Guinea-Bissau Liberation Army," 42.

53　Mendy, *Amílcar Cabral*, 64–65.

론이 그에 걸맞는 정치적 목표와 열망을 갖추고 있었다고 이야기한다. 카브랄은 제국주의를 카보베르데와 기니비사우가 처한 조건으로만 보지 않았으며 지구 전체를 이루는 구조로 인식했다. 그렇기에 그는 제국주의에 맞서려면 자국 민중들의 정치 구조만이 아니라 모든 이들의 정치 구조를 바꾸어야 한다고 보았다.[54]

하지만 그러려면 그저 상징적으로 동지들과 연대를 보이는 것 그 이상을 보여주어야 했다. 기니비사우에서 일어난 식민지 전쟁만이 아니라 앙골라와 모잠비크에서 일어난 전쟁으로 인해 점차 자본가와 성직자 등 엘리트들이 이스타투 노부 정권에 대한 지지를 철회하고 있었다.[55] 카브랄이 연설하고 4년이 흐른 후에, 이스타투 노부 정권에 맞서기 위해 좌파 장교들이 비밀리에 모였다. 포르투갈 군부 세력은 기니비사우에서 패배하고 말 거라고 진지하게 여기고 있었고, 기니비사우라는 반식민지 전쟁의 전장에 모인 많은 장교들은 계획

---

54 Reiland Rabaka, "Cabral's Critical Theory of Colonialism, Neocolonialism, and Imperialism," chapter 3 in *Concepts of Cabralism: Amilcar Cabral and Africana Critical Theory* (Lexington Books, 2014), 151–182.

55 José Javier Olivas Osuna, "The Deep Roots of the Carnation Revolution: 150 Years of Military Interventionism in Portugal," *Portuguese Journal of Social Science* 13, no. 2 (2014): 224.

을 꾸몄다.[56] 이 장교들은 결국 군대 운동Armed Forces Movement[57] 을 결성했고, 이 운동은 민주주의, 발전, 탈식민화democracy, development, decolonization, 즉 "3D"라는 핵심 요구를 내세웠다. 그리고 군대 운동은 이스타두 노부 정권이 이 요구를 충족하지 못하자 정권을 무너뜨려 버렸다.[58] 그들은 거의 피를 흘리지 않고 (어찌 되었든 포르투갈에서) 정권을 장악했다. 오늘날 이 사건은 1974년 카네이션 혁명으로 알려져 있다. 파시스트 정권의 종말을 축하하며 열광하는 시민들이 병사들에게 카네이션을 건네는 이미지가 떠돌면서 그런 이름이 붙었다.[59] 많

56 António Tomás, "Introduction: Decolonising the 'Undecolonisable'? Portugal and the Independence of Lusophone Africa," *Social Dynamics* 42, no. 1 (January 2, 2016): 3, https://doi.org/10.1080/02533952.2016.1164956.

57 [옮긴이] 포르투갈에서 좌파 성향 중간 장교들을 주축으로 형성된 반정부 운동. 정규 채용된 포르투갈 장교들은 앙골라와 기니비사우 등에서 독립 투쟁을 저지하기 위한 식민지 전쟁에 참여하면서 급여와 승진 등에서 징집 장교들보다 차별을 받았고, 민주주의와 식민지 독립을 지지하게 되었다. 결국 이들은 1974년 4월 25일, 이들은 무혈 쿠데타를 일으키고 이스타두 노부 체제를 무너뜨린다. 이후 군대 운동은 포르투갈 공산당과 함께 1975년 5월에 제헌의회를 구성하기로 결정하였으며, 포르투갈 공산당이 제헌의회 선거에서 패배하자 포르투갈 사회당, 대중민주당 등 온건파 의원들과 함께 민주주의 전환을 위한 협정을 체결했다. 다음을 참고하라. 고주현, 〈포르투갈의 민주주의 이행 과정 분석〉, 《유럽연구》 제34권 6호, 2016.

58 Osuna, "Deep Roots of the Carnation Revolution," 225.

59 Raquel Varela, "Today, We Celebrate the Carnation Revolution," interview by David Broder, *Jacobin*, April 25, 2019, https://jacobinmag.com/2019/04/portugal-carnation-revolution-national-liberation-april[2024년 7월 25일 접속 확인].

은 이들이 카네이션 혁명을 탈식민화로 이어지는 중요한 전환점이라고 강조하지만, 사회학자 안토니우 토마스António Tomás는 이러한 생각이 사실과 완전히 다르다고 지적한다. PAIGC와 PAIGC의 여러 전우들이 벌인 혁명적 투쟁이 포르투갈의 부분적인 탈식민화를 촉발했던 것이지, 그 반대는 아니었다.[60]

우리는 해낼 수 있다

PAIGC는 오랜 역경에 맞서 중대한 투쟁을 벌였으며 이들의 승리는 모든 이들에게 변화를 가져왔다. 그들은 역사가 세워 놓은 장벽들을 지우거나 완전히 없앨 수는 없었지만, 많은 장벽을 뛰어넘을 수 있었고 실제로도 뛰어넘었다.

이 책 2장과 3장에서는 냉혹한 현실을 그렸다. 사회구조는 우리가 다른 사람들과 활동하는 환경을 엘리트의 이해관계에 봉사하는 세계로 만들었으며, 엘리트의 지배에 저항하려는 이러한 노력도 교묘하게 왜곡할 수 있다. 우리는 억압적 위계질서에 저항하는 행동을 취하곤 하지만, 그 행동 중 일부는 그 위계질서에 도움이 될 수 있다. 분명 희망적인 이

---

60 Tomás, "Decolonising the 'Undecolonisable'?"

엘리트 포획

야기는 아니다.

하지만 우리가 항상 실패하는 것은 아니다. 벌거벗은 임금이라는 우화를 논하면서 살펴보았듯이 권력 구조는 우리의 매우 일상적인 상호작용에도 영향을 미친다. 하지만 이 우화의 결론도 그와 마찬가지로 중요하다. 작은 아이는 임금을 가리키며 웃었고 그 규칙을 지키지도 겁을 먹지도 않았다. 구조적 위계질서라는 주문이 깨지면서, 모든 이들이 자신들의 생각을 큰 소리로 말할 수 있게 되었다. 임금이 아무것도 입지 않았다고!

사회구조는 분명 우리의 상호작용을 조직한다. 즉, 사회구조는 상호작용이 일어나는 세계를 구축한다. 그 방식에는 어포던스, 즉 기존 사회적 환경의 사용적 측면도 포함되어 있다. 만일 무언가를 편하게 들고 다닐 수 있게 만들려면, 그것에 손잡이를 붙이면 된다. 사람들이 도로 위를 걸어다니지 않게 하고 싶다면, 보도를 깔고 횡단보도를 칠하면 된다.

마찬가지로 우리가 행위하는 세계도 인센티브, 즉 당근과 채찍으로 우리의 행동을 유도한다. 사람들은 일반적으로 보상받을 수 있는 일을 할 가능성이 더 높고, 처벌받을 법할 일을 할 가능성은 더 낮다.

물론 이런 설명도 어느 정도 한계를 안고 있다. 사회구조는 특정 행동이 바람직하지 않거나 대중적이지 않도록 만들 뿐 아니라 말 그대로 불가능하게 하는 강력한 제약까지도 수반하기 때문이다. 애초에 만들어지지도 않은 학교의 커리큘럼을 "탈식민화"할 수는 없는 노릇이다. 더 암울한 이야기를 해 보면, 의문의 헬리콥터 추락 사고를 당하거나 비밀 시설에 수감된 사람이 자국 정부에 맞서 행동을 조직화할 수는 없을 것이다.

그와 마찬가지로 강력하고 효과적인 다른 형태의 제약도 존재한다. 헬리콥터 추락 사고를 당한 사람들을 사랑하는 이들에게 가해지는 공포와 감시자나 감독관의 물리적 존재가 그것이다. 노엄 촘스키가 《미디어 컨트롤》에서 이야기하듯이 이런 일은 "오늘날 전체주의 국가나 군사 국가라 불리는 곳에서는 쉬운 일이다. 사람들 머리 위에 몽둥이를 들고 서서 그들이 선을 넘으면 내리치면 된다."[61]

하지만 이렇듯 강력한 제약을 통해 개입하면 대개 많은 비용을 치러야 한다. 그렇게 하려면 더 많은 주목과 돈이 필요할 뿐 아니라 엘리트들이 감수할 수 있는 것보다 더 큰 보복을 불러오게 된다.

61 Noam Chomsky, *Media Control: The Spectacular Achievements of Propaganda,* 2nd ed. (New York: Seven Stories Press, 2002), 20. [한국어판: 박수철 옮김, 《노암 촘스키의 미디어 컨트롤》, 모색, 2003.]

이러한 이유로 대부분의 사회구조는 사회적 삶을 단속할 때 그보다 약한 집행 메커니즘에 의존한다. 사회구조가 구축한 어포던스는 사람들이 사회구조가 원하는 행동을 하도록 유도한다. 그렇게 하여 체계를 뒷받침하는 일들은 쉽게 이뤄지도록, 체계를 뒷받침하지 않는 일들은 어렵도록 만든다. 그 결과, 체계는 자기 보호를 위해 불균등한 보상 및 처벌의 분배를 유지한다.

어포던스를 만드는 고전적인 방법 중 하나는 바로 선전과 역정보disinformation를 통해 정보를 조작하는 것이다. 우리가 처한 정보 환경, 즉 카터 G. 우드슨의 용어를 사용하자면 우리가 경험하는 "교육체계"가 우리를 강압적으로 세뇌하지는 않는다는 점을 기억할 필요가 있다. 정보 환경은 체계를 보존하는 데 활용하기 쉽고 체계를 위협하는 데 활용하기 어렵게 되어 있다.

허위정보misinformation와 선전은 종종 오해 유발, 주위 분산, 허위정보 전달을 성공적으로 해낸다. 굳이 성공할 필요조차 없다. 정치적으로 중요한 것은 그러한 노력이 사람들이 무엇을 하고 무엇을 하지 않는지에 미치는 결과이기 때문이다. 이미 살펴보았듯이 누군가는 악의를 갖고 있지 않더라도 다른 이유 때문에 임금의 옷을 칭찬할 수도 있고 임금을 놀리지 않을 수도 있다.

사회적 관리policing의 일부 측면은 주로 사람들의 생각을 직접 변화시키지 않는 방식으로 이들의 결정을 바꾸는 데 주력한다. 예를 들어 부채 컬렉티브Debt Collective나 흑인의 생명을 위한 운동을 비롯한 수많은 활동가 단체는 오래전부터 학자금 부채, 의료 부채, 신용카드 부채가 지닌 규율적disciplinary 기능에 주목해 왔다. 판투 체루와 제프리 윌리엄스 같은 사상가들도 마찬가지로 그런 점에 주목한다.[62] 체루는 혁명 이후 아프리카 정부들이 외채의 압박 때문에 IMF와 협상하게 되었다고 주장한다. 윌리엄스도 미국의 늘어나는 학자금 부채야말로 학생들이 파업 조직화에 참여하지 않고 현 체제에 순종하도록 만드는 새로운 "교육학 양식"이라는 점을 보여준다.[63]

하지만 이 모든 세계의 구조물과 사회적 관리가 우리를 제약하는 데 **실패한다**는 점도 분명하다. 우리와 같은 피조물들은 특별한 힘을 갖고 있기 때문이다. 사회적 프로그

---

62 "Economic Justice," The Movement for Black Lives, https://m4bl.org/policy-platforms/economic-justice/[2024년 7월 25일 접속 확인].

63 Fantu Cheru, "Democracy and People Power in Africa: Still Searching for the 'Political Kingdom,'" *Third World Quarterly* 33, no. 2 (2012): 265–291; Jeffrey Williams, "The Pedagogy of Debt," *College Literature* 33, no. 4 (2006): 155–169.

래밍이 존재할지라도, 우리는 그냥 **할** 수 있다. 사회구조가 지시한 내용을 어느 정도 마음대로 무시할 수 있다. 우리는 보행로를 무시하고 도로를 걸을 수 있다. 가방에 손잡이가 달렸지만 그 밑바닥을 잡고서 가방을 옮길 수도 있다. 처벌을 받을 수 있는 일을 할 수도 있다. 더 많은 보상을 얻을 수 있음에도 그 대신 더 적은 보상을 선택할 수도 있다. 게다가 누가 가치 있고 무엇이 가치 있는지에 관한 "교훈"들을 무시하고, 보상과 처벌을 받아들일 수도 있다.

작은 아이가 임금을 보면서 한 행동이 바로 이러한 비일상적인 행동이다. 그 행동은 카터 G. 우드슨이 백인우월주의에 대응하여 했던 행동이기도 하며, 릴리카 볼과 PAIGC 동지들이 포르투갈 식민주의에 맞서 취한 행동이었다. 그리고 파울루 프레이리가 브라질의 인종자본주의라는 위계질서와 냉전의 지정학에 대응하여 했던 행동이기도 하다.

거대한 구조와 기득권층은 시간과 돈, 노력을 엄청나게 쏟아부으며 우리에게 이러한 권력이 없다거나 그 권력을 쓰지 않는 편이 낫다며 우리를 설득하려 든다. 그 이유는 어렵지 않게 알 수 있다. 그 권력은 순식간에 마을의 화젯거리를 웃음거리로 만들 수 있는 권력이기 때문이다.

이러한 권력은 우리의 사회체계가 고정불변하지 않은

이유를 설명해 주는 수많은 이유 중 하나이다. 우리가 살아가는 세계 자본주의 체계만큼이나 복잡한 사회체계조차도 고정불변하지 않다. 이미 공통 기반을 통해 살펴봤듯이 우리는 사회체계의 구조를 주기적으로 바꿀 수 있으며, 실제로도 자주 바꿔 왔다. 보행로가 있더라도 도로 위를 걸을 수 있고 도로를 역주행할 수 있다. 오른쪽에서 왼쪽으로 문장을 읽을 수도 있다. 이러한 예시에 알아차릴 수 있듯이 사회적 각본에서 벗어나는 일탈을 한다 해서 반드시 성과를 얻는 것은 아니다. 하지만 우리는 약간의 노력과 숙고를 통해 이 일탈을 더욱 건설적으로constructively 행사하는 권력으로 만들 수 있다. 우리는 직장 상사가 이야기해 준 기밀 정보를 공유하기로 결정할 수 있다. 시위를 하기 위해 교통을 막고 거리를 걸을 수도 있다. 사람들을 불러모아 우리와 함께 행동하도록 할 수도 있다.

우리는 우리가 살아가는 체계를 더욱 복잡하게 만들 수 있는 역량을 갖고 있으며, 그 역량은 우리의 행동을 구조화하는 세계에 내재되어 있다. 환경과학자이자 시스템 이론가 도넬라 메도즈가 설명하듯, 그렇다 하더라도 그 역량은 체계의 전체 **자기조직화**self-organization에 내재되어 있다. 메도즈는 교육의 역할에 대해서 이렇게 이야기했는데, 이는 카터 G. 우드슨이 거의 한 세기 전에 예견한 내용과 놀랍도록 비슷하다. "자기조직화를 고무하는 이런 조건들은 개인에게는 무섭게, 권력 기구에게는 위협적으로 보이기 쉽다. 그래서 교육체계 는 아이들의 창조력을 북돋우는 대신 제한"한다.[64]

인간의 사회체계에서는 자기조직화가 이뤄진다. 사실 "조직화organizing"라는 단어의 용법도 이런 생각과 매우 비슷 한 의미를 내포하고 있다. 왜냐하면 조직화라는 단어가 우리 사회의 억압적 측면에 맞서려는 노력을 지칭하기 때문이다. 대개 조직화를 하게 되면, 우리는 우리만의 작은 체계를 건 설하려고 한다. 즉, 우리가 속한 전체 체계의 내부에 있으면 서도 전체 체계의 형태를 변화시킬 만큼 영향력을 가진 체계 를 건설하려고 한다. 이러한 체계를 만드는 일은 대중운동, 노동자 정당, 일련의 직접행동을 통해 이뤄낼 수 있다. 다시 말해, 이런 일을 방에서 할 수 있다.

카보베르데와 기니비사우에서 PAIGC는 국기와 정부를 갖는 것을 뛰어넘는, 더욱 심층적인 자유를 달성하려는 와중 에 여러 장애물과 마주했다. 이 장애물 중에는 내부 동학, 즉 그들이 없애지는 못하더라도 관리할 수 있었던 사회적 균열

---

64 Donella H. Meadows, *Thinking in Systems: A Primer* (Hartford, VT: Chelsea Green Publishing, 2008), 80. [한국어판: 김희주 옮김, 《ESG와 세상을 읽는 시스템 법칙: 모든 것은 시스 템으로 통한다》, 세종서적, 2022, 141쪽]

4. 새로운 집 짓기   181

도 있었다. 하지만 이 장애물 중에는 자원의 제약이나 전 지구적 마약 무역 등의 문제도 있었고, 이런 외부적인 문제를 대인관계상의 동학이나 제도적 선택으로는 직접 통제할 수 없었다.

조직화를 하면서 정치 투쟁에 관한 이러한 불행한 사실과 마주할 때, 우리는 두 가지 방식으로 반응할 수 있다. 첫 번째 방식은 우리의 목표와 우선순위를 바꾸고 쉽게 이룰 수 있는 것에 집중하는 방식이다. 외부 제약을 무시하든지 단지 "내부" 정치를 올바르게 하는 편이 우리가 세계를 전반적으로 바꾸기 위한 최선의 방법이라고 믿든지 하는 것이다. 비록 가장 쉽게 통제하거나 관리할 수 있는 일에 집중하라는 격언이 있긴 하지만, 이러한 접근법은 매우 패배주의적이기도 하다. 왜냐하면 우리가 처한 상황을 냉정하게 분석해 보면, 세계를 바꾸기 위한 수단 대부분이 두 번째 "외부" 전략에 속하기 때문이고, 이 전략은 기존의 방과 대인관계의 외부에 있기 때문이다.

망치 꺼내기

이번 절에서 주장하는 구성적 접근을 따라 보면, 우리는

엘리트 포획

조직화 공간 내에서 서로를 대우하는 방식이 중요한 이유를 바깥 세계와 연관을 맺는 방식이라는 측면에서 이해하게 된다. 결국 바깥 세계 대부분이—따라서 우리가 변화시키려고 하는 구조들 중 대부분이—우리가 동맹을 구축하고 정치를 개선하는 방 바깥에 있기 때문이다.

PAIGC는 어떤 지점에서는 틀렸을지라도, 이 점에서만큼은 옳았다. 해방 투쟁 가운데 이뤄진 전투적인 교육과 혁명 이후 교육체계의 구성 둘 다, 교실의 동학만 바꾸는 게 아니라 사회 전체의 동학을 바꾸기 위한 노력이었다는 점에서 말이다. 그들은 말 그대로 세계지도를 다시 그리고 그 권력관계를 바꾸는 것을 목표로 했으며, 그러한 결과를 지탱해 줄 방을 만들어 내고자 했다.

최근 있었던 미시건주 플린트 시의 수돗물 오염 위기라는 또 다른 예시는 이러한 방식으로 우리의 정치를 개선할 때 그 가능성과 한계를 우리에게 모두 드러내 준다.[65] "건강한 지

65 [옮긴이] 미국 미시건주 플린트 시 수돗물 오염 위기는 2014년에 플린트 시가 상수도 공급 비용을 절감하기 위해 디트로이트에서 수돗물을 공급받는 대신에 시의 노후화된 납 수도관을 다시 사용하면서 발생했다. 미시건 주정부는 2016년 1월, 비상사태를 선포하고 수질을 개선하기 위한 정책들을 추진했다. 시민단체들은 플린트 시가 경제적으로 열악한 도시일 뿐 아니라 흑인 인구 비중이 50퍼센트를 넘는다는 점을 지적하며 수돗물 오염 위기를 주로 취약계층과 소수인종을 열악한 환경에 노출시키도록 하는 환경 인종주의environmental racism가 낳은 결과라고 주장했다.

역사회"를 지원하는 업무를 맡은 정부 부처인 미시건주 환경부는 50명의 훈련된 과학자들로 이뤄진 팀과 공모하여 사건을 처리하면서 2014년 이후로 몇 달 동안 계속된 공중 보건 위기의 규모와 심각성을 은폐했다. 이 공중 보건 위기는 플린트 시의 상수원을 심각하게 오염된 플린트 강으로 바꾸면서 일어난 것이었다.

미국 연방정부의 환경보호청이 플린트 상수도의 납 성분에 대해 우려를 표했다는 내부 문건이 유출되자, 미국시민자유연합American Civil Liberties Union은 이를 널리 퍼트렸다. 그러자 미시건주 환경부는 오염 샘플 2개를 누락한 채 플린트 상수도의 납 성분이 전반적으로 미국 연방정부 권고 수준 이내라는 조작된 보고서를 내놓았다. 미시건주 환경부는 전문성과 정치적 권위의 위치에서 이야기하면서 플린트 시의 현 상황을 옹호하며 "플린트 시의 수돗물은 안전하게 마실 수 있습니다"라고 주장했다. 플린트 시장 데인 월링Dayne Walling은 미시건주 환경부의 발표를 인용하면서 "플린트 강에 관한 미신을 내쫓고 진실을 알리"겠다는 성명서를 내놓았다.[66]

나쁜 결과가 예상되었음에도 플린트 시는 상수원을 변경

66 Merrit Kennedy, "Lead-Laced Water In Flint: A Step-by-Step Look at the Makings of a Crisis," *NPR*, April 20, 2016, https://www.npr.org/sections/thetwo-way/2016/04/20/465545378/lead-laced-water-in-flint-a-step-by-step-look-at-the-makings-of-a-crisis[2024년 7월 25일 접속 확인].

엘리트 포획

했고, 그로부터 한 달 뒤 플린트 시 주민들은 수돗물이 변색되고 악취가 난다고 신고했다. 그 당시 주민들에게 필요했던 것은 주민들이 겪는 억압이 "찬사를 받거"나 "중심에 놓이"거나 새로운 학술적 용어로 설명되는 것 따위가 아니었다. 주민들은 외부인이 납에 중독되었다는 느낌에 공감해 주는 것도 필요로 하지 않았다. 물론 존중 정치는 사람들에게 이런 일들을 해 줄 수 있다. 그리고 이런 일이 중요하지 않다는 것도 아니다. 하지만 그건 부차적인 문제였다. 플린트 시 주민들에게 정말로 필요했던 것은 무엇보다도 수돗물에서 납을 없애는 것이었다.

그래서 주민들은 나서기 시작했다. 첫 번째 단계에서 주민들이 한 일은 인식적 권위를 개발하는 것이었다. 이 단계를 달성하기 위해 주민들은 새로운 방을 만들었다. 이 방 덕분에 플린트 시 주민들과 활동가들은 과학자들과 협력하게 되었는데, 이 과학자들은 검사를 실시하여 미시건주 환경부 보고서가 왜곡되었다고 증명할 수 있는 실험실을 갖고 있었다.

플린트 시 주민들은 납 중독에 대해 규탄한 덕분에 그 원인을 밝혀내려는 과학자들을 모집할 수 있었다. 시민과학 운동을 이끄는 이 새로운 룸메이트들은 수질에 대한 경각심을 높였으며 주민들이 수질을 검사할 수 있도록 샘플링 키트를 나눠주었다. 주민과 과학자로 이뤄진 동맹이 승리하면서, 플린트 시 아이들의 납 중독 문제가 전국적인 스캔들로 떠올랐다.

하지만 이렇게 공적 논의에서 승리를 거둔 것은 그저 첫 번째 단계에 지나지 않았다. 그들이 두 번째 단계로 삼은 과제, 즉 물을 깨끗이 하는 일은 주정부가 납 중독을 인정하는 것보다 더 많은 것을 필요로 했다. 다시 말해, 수질을 개선하고 계속되는 건강 문제를 다룰 수 있도록 노동과 자원을 할당하는 것이 필요했다.

처음에 플린트 시 주민들은 지배 엘리트로부터 진부한 이야기를 듣고 조롱받았다(플린트 시 주민들 대다수와 인종적 정체성을 공유하던 당시 미국 대통령도 그 조롱을 막지 않았다). 하지만 이제 플린트 시 주민들은 자신들의 활동만이 아니라 주민들과 연대하는 이들 덕분에 더욱 의미 있는 또 다른 승리를 거둔 것처럼 보인다. 이 책을 집필하는 시점을 기준으로, 현재 진행 중인 운동은 위험한 수도관을 교체하는 프로젝트가 최종 단계까지 진행되도록 만들었으며, 이미 미시건주에서 피해 가족에게 6억 달러의 합의금을 지불하게 했다.

이 결과로 완전한 승리를 거둔 것은 결코 아니다. 합의금 지급액 중 상당 부분이 변호사 선임비로 나갈 예정이거니와 합의금을 준다 해서 주민들에게 야기된 피해가 원상 복구되는 것도 아니기 때문이다.

엘리트 포획

사실, 인식적 지향 하나만으로 민중과 제국주의 국가 체계 사이에 있는 여러 권력 비대칭을 되돌릴 수는 없다. 하지만 플린트 시 주민들의 사례처럼, 구성적 정치는 조금이라도 경쟁이 이뤄지도록 게임을 만들어 **낼 수 있다**. 반면에 존중 인식론은 이러한 게임에 참여조차 하지 않는다.

새로운 집 짓기

결국 우리가 단체, 마을, 학문 분과, 정당 등 여러 방에서 이룰 수 있는 것들은 상당히 제한되어 있다. 우리의 운동, 공동체, 친구 집단, 사회적 네트워크의 동학을 올바르게 하는 것은 중요하지만, 그러한 내부에서의 노력이 다른 투쟁과 어떻게 연관되어 있는지 질문하는 것도 중요하다.

인종자본주의는 그 자체로 전 지구적 체계이다. 그리고 인종자본주의가 초래한 기후 위기의 속력과 방향도 마찬가지로 우리가 행성 규모에서 이룬 성공과 실패에 의해 결정될 것이다.[67]

---

[67] Olúfẹ́mi O. Táíwò and Liam Kofi Bright, "A Response to Michael Walzer," *Dissent Magazine* (blog), https://www.dissentmagazine.org/online_articles/a-response-to-michael-walzer[2024년 7월 25일 접속 확인]; Robin D. G. Kelley, "What Did Cedric Robinson Mean by Racial Capitalism?," *Boston Review*, January 12, 2017, https://bostonreview.net/race/robin-d-g-kelley-what-did-cedric-robinson-mean-racial-capitalism[2024년 7월 25일 접속 확인]; Yousuf

실제로 구성적 접근이 이 문제에 대응하는 방식은 매우 단순하다. 작은 규모든 거대한 제도든 상관없이, 우리가 지향하는 정치적 목표는 제도나 규범 혹은 여타 다른 수단이든 뭐든 간에, **무언가를 건설하는 것**이다. 우리가 방금 살펴보았듯이 플린트 시 주민들은 미시건주 환경부에 맞서기 위해 시민-과학 구조를 건설했다. 이 이야기는 일회성에 그치지 않으며 일반적으로 적용 가능한 전략이기도 하다. 심지어 전문적 개념과 연구를 수반하는 공적 의사결정도 매우 민주적이고 참여적인 방식으로 이뤄질 수 있다.[68]

입장 인식론이 그러했듯이 이 단순한 에토스는 추상적인 수준에서는 충분히 명료하고 무해한 것으로 보인다. 하지만 구성적 접근은 경쟁 상대를 설정한다. 예를 들어 사람들과 단체들은 무언가를 반대하는 정치를 할 수 있다. "반자본주의", "반감금주의anti-carceral", "반인종주의"처럼, 수많은 정치적 정체화

Al-Bulushi, "Thinking Racial Capitalism and Black Radicalism from Africa: An Intellectual Geography of Cedric Robinson's World-System," *Geoforum*, January 31, 2020, https://doi.org/10.1016/j.geoforum.2020.01.018.

68   Ole F. Norheim et al., "Difficult Trade-Offs in Response to COVID-19: The Case for Open and Inclusive Decision Making," *Nature Medicine* 27, no. 1 (January 1, 2021): 10–13, https://doi.org/10.1038/s41591-020-01204-6; Kyle Powys Whyte and Robert P. Crease, "Trust, Expertise, and the Philosophy of Science," *Synthese* 177, no. 3 (2010): 411–425; Gabriele Contessa, "It Takes a Village to Trust Science: Towards a (Thoroughly) Social Approach to Social Trust in Science" (unpublished research paper), 2021.

는 거의 대부분 이 정체화가 반대하는 것들로 이뤄져 있다. 실제로도 인종주의, 자본주의, 대규모 구금은 반대할 만한 것들이다. 하지만 인간사를 장기적 관점에서 살펴보면, 이러한 것들에 맞서는 데 성공하더라도 정의로운 미래가 보장되지는 않았다는 점을 알 수 있다. 우리가 반대하는 현상들, 적어도 그 현상들의 근대적 형태도 천년 넘게 지속된 것은 아니기 때문이다. 게다가 최근 역사를 살펴 보면, 대개 한 가지 억압이 그와 비슷하거나 더욱 불의한 또 다른 억압으로 대체되는 경우도 많았다.

　하지만 우리는 두더지 잡기처럼 불의를 잠시 해결하는데서 멈추기보다 더 많은 일들을 해내기를 바랄 수 있다. 우리 아이들에게 채워진 족쇄의 색깔을 바꾸는 것보다 더 많은 것을 이뤄 내려면, 개별적인 억압 사례보다 더 많은 것에 저항하는 데 성공해야 한다. 나는 그렇기 때문에 교도소 연구자 루스 윌슨 길모어Ruth Wilson Gilmore가 "감옥 폐지는 부재가 아니라 존재에 관한 것"이라고 강조했다고 생각한다. 또한 동료 감옥폐지론자 미카 허스킨드가 감옥 폐지를 "해체와 건설이라는 이중의 프로젝트, 즉 생명을 빨아들이는 체계를 해체하고 생명을 부여하는 체계를 건설하는 일"이라고 부른 이유도 마찬가지라고 생각한다.[69] 길모어와 허스킨드의 주장은 PAIGC 투사 아밀카르 카브랄의 반식민주의적 에토스와도 비슷한 정신을 공유하고 있다. 케냐의 활동가 피로제 만지는 카브랄의 에토스를 "분리 독립이 아닌 자기결정self-determination"이라고 요약했다.[70]

정치에 대한 구성적 접근은 제도와 네트워크 안에서 그리고 그것들을 통해 권력을 구축하는 것을 포함한다. 이러한 제도와 네트워크 중 일부는 훨씬 강력한 지구적 제도의 주변부에서 운영되거나 그와 별도로 운영된다. 마치 지난 수 세기 동안 흑인들과 여타 사람들이 실천해 왔던 집단적인 비공식적 경제적 상호 원조처럼 말이다.[71] 하지만 권력 구축에 필요한 많은 제도들은 잘 알려져 있을 뿐 아니라 이미 사회적 진보의 동력이라는 검증을 받았다. 노동조합 덕분에 노동자들은 자신들의 노

---

69 Micah Herskind, "Some Reflections on Prison Abolition after #MUMI," *Medium*, September 23, 2020, https://micahherskind.medium.com/some-reflections-on-prison-abolition-after-mumi-5197a4c3cf98[2024년 7월 25일 접속 확인].

70 Firoze Manji, "Amilcar Cabral and Ken Saro-Wiwa: Their Commonalities on Culture and the Struggle for Freedom," *Ukombozi Review* (blog), September 6, 2020, https://ukombozireview.com/blog/amilcar-cabral-and-ken-saro-wiwa-their-commonalities-on-culture-and-the-struggle-for-freedom/[2024년 7월 25일 접속 확인].

71 Caroline Shenaz Hossein, *The Black Social Economy in the Americas: Exploring Diverse Community-Based Markets* (Springer, 2017); Caroline Shenaz Hossein, "Daring to Conceptualize the Black Social Economy," in *The Black Social Economy in the Americas* (Springer, 2018), 1–13; Jessica Gordon Nembhard, *Collective Courage: A History of African American Cooperative Economic Thought and Practice* (University Park: Penn State Press, 2014).

엘리트 포획

동 조건과 보상에 대해 단체로 협상할 수 있다. 노동조합의 투쟁은 그 자체로도 수십 명의 기초적인 경제적·사회적 생활조건을 결정한다는 점에서 중요하다. 하지만 노동조합은 그보다 훨씬 중요한 정치적 가능성을 지니고 있다. 조직 노동자들은 임금과 혜택을 넘어서는 목표를 위해 자신들이 지닌 영향력을 사용할 수 있을 뿐 아니라 역사적으로 자주 그렇게 해 왔다.

미국에서 노동조합은 공식적 인종 분리segregation 체계인 짐 크로우 체제를 무너뜨렸을 뿐 아니라 노동자들이 환경적으로도 사회적으로도 유해한 산업에서 이로운 산업으로 옮기는 "정의로운 전환just transition"이라는 개념과 실천을 발전시키는 데 핵심적인 역할을 수행했다.[72] 마찬가지로 PAIGC의 성공적인 반식민 투쟁이 시작된 것도 노동자들의 용감한 파업(과 식민지 경찰의 폭력적 탄압) 때문이었다.[73] 더욱이 최근의 경우, 이집트, 알제리, 쿠웨이트의 노동조합은 금지령과 탄압에 맞서면서 2011년 아랍의 봄 봉기를 촉발시킨 탄압을 벌인 정권으로부터 양보를 이끌어냈을 뿐 아니라 그 다음 정부에게서도 양보

---

72 Joe William Trotter Jr., *Workers on Arrival: Black Labor in the Making of America* (Berkeley: University of California Press, 2019); Olúfẹ́mi O. Táíwò and Dylan Plummer, "Just Transition: Learning From the Tactics of Past Labor Movements," *The Trouble*, October 12, 2020, https://www.the-trouble.com/content/2020/10/12/just-transition-learning-from-the-tactics-of-past-labor-movements[2024년 7월 25일 접속 확인].

73 Urdang, "Fighting Two Colonialisms."

를 이끌어냈다.[74]

　이외에도 건설해야 할 제도들 중 일부는 친숙하지 않을 수도 있다. 2013년, 어느 활동가 단체에서는 크라우드 펀딩을 통해 "롤링 주빌리Rolling Jubilee" 운동을 시작했고, 무연고자 수천 명의 의료비 대출, 학자금 대출, 월급 대출, 형사 채무 등 300억 달러 이상을 탕감해 주었다. 이 단체는 이후에 부채 컬렉티브라는 채무자 조합으로 발전했다.[75]

　미국은 학자금 부채만 1조 7000억 달러에 달한다. 다시 말해 부채 컬렉티브가 지적하듯이 학자금 부채가 잘 조직된다면, 지구적 금융 체계에 대한 1조 7000억 달러 상당의 레버리지가 될 수 있다는 것이다.

74　Anthony Faiola, "Egypt's Labor Movement Blooms in Arab Spring," *Washington Post*, September 25, 2011, https://www.washingtonpost.com/world/middle-east/egypts-labor-movement-blooms-in-arab-spring/2011/09/25/gIQAj6AfwK_story.html[2024년 7월 25일 접속 확인]; "The Arab Spring and Independent Trade Unions: High Hopes and New Challenges—ITUC Survey of Violations of Trade Union Rights," *Survey of Violations of Trade Union Rights*, https://survey.ituc-csi.org/The-Arab-Spring-and-independent.html?lang=en[2024년 7월 25일 접속 확인]; Urdang, "Fighting Two Colonialisms."

75　[옮긴이] 롤링 주빌리 운동은 2012년에 미국의 채무 문제를 해결하고자 등장한 사회운동으로, 크라우드 펀딩으로 기부금을 받아 채무자들의 부채를 무상 탕감해 주었다. 2014년부터 운동에 참여했던 활동가들은 채무자들의 부채 파업debt strike을 지원하는 부채 컬렉티브를 조직했다. 부채 파업은 채무자들을 조직하여 부채 상환을 단체로 거부함으로써 채권자가 채무자에게 과도한 요구를 하지 못하게 하는 직접행동이다. 다음을 보라. 미셸 페어 지음, 《피투자자의 시간》, 조민서 옮김, 리시올, 2022, 117-121쪽.

이에 더해 세계 각지에서 무단 거주자 단체에서 세입자 조합까지, 주거 정의를 위해 싸우는 단체들이 주택 시장을 지배하는 자본에 도전하고 있다.[76] 부채 컬렉티브가 지적하듯이 이러한 구세대 단체와 신세대 단체는 서로를 지원해 주는 파트너가 될 수 있다. 미국의 다국적기업 벡텔Bechtel이 볼리비아 코차밤바의 상수도를 사유화하자 코차밤바 주민들이 반대하여 일어난 봉기가 성공한 사례 대표적이다. 이 운동은 커먼즈 commons에 대한 대중의 통제를 유지하기 위해 총파업과 게릴라 군사 전술을 함께 활용했다.[77]

이에 더해 정치에 대한 구성적 접근은 광범위하게, 즉 단지 노동만이 아니라 사회적 삶의 모든 영역에서 권력을 구축할 것을 요구한다. 특히 이 점은 디지털 시대에 들어서면서 중요해졌다. 매우 최근 단계의 인종자본주의는 여러 위협을 가하고 있으며, 이 위협으로 인해 지식의 생산 및 분배에 대한 대중의 권력을 확보하는 데 필요한 실천적 및 물적인 기반이 약화되고 있다. 좋은 지위에 있는 엘리트들, 특히 테크 기

---

76 Dominika V. Polanska, Hannes Rolf, and Scott Springfeldt, "Tenants Organizing: Precarization and Resistance," *Radical Housing Journal* 3, no. 1 (2021): 121–129.

77 Jim Shultz, "The Cochabamba Water Revolt and Its Aftermath," in *Dignity and Defiance* (Berkeley: University of California Press, 2009), 9–44; Debt Collective, *Can't Pay, Won't Pay: The Case for Economic Disobedience and Debt Abolition* (Chicago: Haymarket Books, 2020).

업들은 이러한 기반을 포획하면서 악화시키고 있으며, 이러한 경향이 줄어들지 않았을 뿐 아니라 여기에 대한 문제 제기가 전혀 이뤄지지 않고 있다.

우리는 기업이 지역 신문과 소셜미디어를 독점하고, 전문 언론인들이 파괴 및 약탈을 계속 벌이며, 연구 대학과 싱크탱크를 통해 엘리트 이해관계가 지식 생산을 지배하는 상황을 경험하고 있다. 하지만 폭로 저널리즘muckraking, 노예제 폐지 신문, 의식 제고, 정치 교육 캠페인의 오랜 역사가 보여주듯이 정보 네트워크는 효과적인 정치 행동을 지원하며 체계의 폭력을 제약할 수 있다. 많은 이들이 21세기에 그와 유사한 것들을 개발하기 위해 노력하고 있다. 사회운동적 저널리즘을 위한 강력한 네트워크를 구축하며, 대안적인 소셜미디어 플랫폼을 수용하도록 장려하고, 좌파 조직의 연구 역량을 높이기 위해 열심히 노력하고 있다. 그들은 우리의 지원을 받을 자격이 있고 지원을 필요로 한다.

이러한 활동을 안정적으로 유지하고 계속해서 잘 이끌어 나가는 데 규칙과 절차가 도움이 될 수 있다. 하지만 미국 의회의 의사 진행 규칙Robert's Rules of Order만으로는 유해한 조직화 문화를 제약하는 데 한계가 있다. 우리는 규칙과 절차 이외에도 포괄적으로 생각해야 한다.

엘리트 포획

아밀카르 카브랄은 포르투갈 제국에 맞서 싸우던 당시 반제국주의 투쟁과 같은 사회운동에 대해 연설하면서 다음과 같이 설명했다. "민족 해방은 문화적 실천일 수밖에 없습니다."[78] 카브랄이 "문화"를 이야기할 때, 신중하게 선별된 관습적인 인사말이나 전통음식, 복식 따위가 파시즘 제국의 군대를 무너뜨릴 것이라고 말한 것이 아니었다.

카브랄은 문화를 민중의 "이데올로기적이면서 이상적인 면이 격렬하게 표현된 것"이며 "그들의 역사가 만들어 낸 산물"이라고 관찰했다. 하지만 카브랄은 문화가 단지 별 소용도 없는 이데올로기적 힘이거나 과거와 현재의 유행이 만들어 낸 방식 내지 선호 따위는 아니라고 주장한다. 문화는 "역사의 결정 요인이며 인간과 환경 간 관계의 진화에 긍정적으로든 부정적으로든 영향을 미치는 요인"이다. 이런 이유에서 그는 제국주의적 지배가 "피지배 민중의 문화적 삶을 영구적이고 조직적으로 탄압해야만 유지될 수 있다"고 주장했다. 무엇보다도 교활한 제국주의자들은 사람들이 지금보다도 더 많이 삶을 조직화하는 방법을 스스로 결정하게 되면, 이 식민지인들이 결국 파이를 전부 차지하게 될 수도 있다고 이해했다. 그러므로 이러한 의미에서 민족 해방을 위한 투쟁이란 쉽게

---

78   Amilcar Cabral, "National Liberation and Culture" in *Return to the Source* (New York: Africa Information Service, 1973), 39–57.

말해 "투쟁하는 민중의 문화가 정치적 표현으로 조직된 것"이다.[79] 우리는 우리의 목표와 열망만이 아니라 우리의 문화적 규범도 마찬가지로 건설적인 시험에 부쳐야 한다. "중요한 것은 아프리카 문화를 해방운동과 진보의 필요성에 비추어 비판적으로 분석하는 것이다." 즉, 우리는 우리의 문화를 평가할 때, 우리가 건설하려는 것에 얼마나 도움이 되는지를 기준으로 그것을 도구적으로 평가해야 한다.[80]

구성적인 정치 문화는 과정보다 결과에 주목한다. 즉, 이 정치 문화는 그저 불의에 "공모"하는 것을 피하고, 순수하게 도덕적이거나 심미적인 원칙을 장려하는 것이 아니라 구체적인 목표와 최종 결과를 추구한다.

우리는 지식과 정보에 관해 다룰 때 제도를 구축하고 운동에 적합한 정보 수집 활동을 하는 일을 먼저 고려한다. 특정 집단과 그 집단을 대신하여 나서는 대변인들을 중심에 놓는 것이 그보다 우선시되지 않는다. 우리는 발언대나 주목, 상징이 아니라 사회적 자원과 권력을 재분배하는 작업에 따라 우리의 프로그램을 조정해야 한다.

우리는 방 내부나 방과 방 사이에서 일어나는 교통 흐름

---

79   Cabral, "National Liberation and Culture," 40–41, 43.

80   Cabral, "National Liberation and Culture," 51–52.

엘리트 포획

을 규제하는 것이 아니라 방을 구축하고 재구축하는 데 주목할 필요가 있다. 이 세계 만들기 프로젝트는 단지 사회적 연결 및 운동과 관련된 기존 구조를 비판하는 것에 머무르지 않으며, 현실의 구조를 구축하고 재구축하는 것을 목표로 한다.

우리는 토지, 주거, 에너지에 대한 통제권을 확보하기 위한 지역 공동체의 국지적인 싸움부터 남반구의 부채를 탕감하기 위한 전 지구 차원의 싸움에 이르기까지, 다양한 규모에서 일어나는 싸움에 주목해야 한다. 이러한 싸움은 특히 행성 규모의 싸움일 경우에 우리가 속한 지구적 사회체계를 완전히 개편하고, 우리 모두가 함께 살아가는 집을 다시 만들 수 있기 때문이다.

5. 중요한 것은 세계를 변화시키는 것이다

1880년대에 마르크스는 유명한 통찰을 남겼다. "철학자들은 단지 세상을 여러 방식으로 해석해 왔을 뿐이다. 그러나 중요한 것은 세상을 변화시키는 것이다."[1] 결국 우리의 조직화 문화가 누구를 "중심"에 놓아야 한다고 생각하고 말하는지와 무관하게, 수도관에 무언가를 하지 않는 한, 수돗물에 납은 계속해서 남아 있을 것이다.

마르크스 이후 한 세기가 흐르고서, 대서양 너머에서 아프리카계 가이아나인 활동가이자 지식인 안다이예도 비슷하게 경고했다.[2] "오래된 기반은 흔들리고 있다. 그리고 새로운 기반은 아직 상상된 적 없다."

---

1   Karl Marx, "Theses on Feuerbach," *Marx-Engels Selected Works*, vol. 1 (Moscow: Progress Publishers, 1969), 13–15.

2   Andaiye(1942-2019): 가이아나의 사회주의자, 여성운동가. 가이아나의 좌파 정당인 노동인민연합Working People's Alliance 당원으로 활동하면서 가이아나 여성들의 역량을 강화시키기 위한 단체 '붉은 실'을 창립하고, 카리브해 페미니스트 연구행동협회Caribbean Association for Feminist Research and Action 집행위원을 맡는 등 사회운동을 이어 나갔다. 또한 30년 동안 암 투병을 하면서 암 환자들을 위한 권익단체를 만들고 활동했다.

나 혼자만 이 둘의 생각에서 비슷한 점을 발견한 것은 아니었다. 왜냐하면 내가 이 인용문을 발견한 안다이예 산문집의 편집자 앨리사 트로츠도 이 산문집에 《중요한 것은 세상을 변화시키는 것이다》라는 제목을 붙였기 때문이다. 이 제목은 마르크스의 묘비에 적힌 포이어바흐에 관한 열한 번째 테제를 담고 있다.[3]

마르크스의 발언은 어느 시대에서나 철학의 자리를 놓고 일어난 아주 오래된 투쟁을 압축적으로 요약한 것이었지만, 안다이예의 발언은 그 이야기가 지금도 타당한지 확인하도록 우리를 이끈다.

안다이예는 1942년 9월 11일, 당시 영국령 가이아나의 수도 조지타운에서 태어났다. 가이아나는 독립을 앞두고 있었고, CIA는 존 F. 케네디 대통령의 승인을 받아 가이아나의 선거를 조작할 음모를 꾸미고 있었다. 그리고 CIA는 이 음모를 통해 공공연히 공산주의자를 자처하던 인도계 가이아나인 체디 자간Cheddi Jagan을 몰아낸 뒤 온건파라고 생각한 포브스 버넘Forbes Burnham을 당선시켰다. 가이아나의 역사가 클렘 시차란이 독재라고 규정한 버넘의 통치는 이후 16년 동안 지속되었다.[4]

---

3   Andaiye, "The Contemporary Caribbean Struggle," in *The Point Is to Change the World: Selected Writings of Andaiye*, Alissa Trotz, ed. (London: Pluto Press, 2020).

4   Clem Seecharan, "Foreword," in Andaiye, *The Point Is to Change the World*.

시차란이 묘사했듯이 고국 가이아나가 "사실상 아프리카인과 인도인 사이의 인종 전쟁"에 빠져드는 동안, 청년이 된 안다이예는 열심히 공부하면서 자신의 급진 정치를 심화했다. 그녀는 서인도제도 대학교University of the West Indies에서 동료 학생이자 훗날 동지가 된 월터 로드니[5]와 함께 수학했다. 이후 그녀는 미국에서 "불우 학생들"을 위한 프로그램에서 강의한다. 그녀는 연대에 뿌리를 둔, 페미니즘적 마르크스주의적 정치를 확고히 마음에 품고 고국으로 돌아왔다. 그녀는 가이아나의 여러 단체에서 활동했는데 그중에는 여성단체 붉은 실Red Thread 과 노동인민연합이라는 정당이 있었다.

2009년, 안다이예는 모교 졸업식 연설에 초청받았다. 그 당시 베테랑 활동가였던 그녀는 정치 분석에 매우 능숙했다. 연설에서 안다이예가 "오래된 기반이 흔들리고 있다. 그리고 새로운 기반은 아직 상상된 적 없다"라고 말했을 때, 그것은 철학적 분석 구조나 정치 담론 양상에 대한 것이 아니었다. 그녀

---

5 [옮긴이] Walter Rodney(1942-1980): 가이아나의 역사가, 사회운동가, 마르크스주의자. 월터 로드니는 1966년 영국 런던 동양 아프리카학 대학교SOAS에서 아프리카사로 박사학위를 받고 탄자니아 다르에스살람 대학교에서 아프리카 역사를 가르쳤다. 1974년 가이아나로 귀국한 후 노동인민연합에 참여하여 정치활동을 펼쳤으며, 1980년 포브스 버넘 총리가 사주한 것으로 추정되는 차량 폭발 사고로 암살당했다. 대표작《어떻게 유럽은 아프리카를 저발전시켰는가》는 제국주의가 아프리카의 사회 경제적 저발전을 만들어 냈다는 것을 역사를 통해 보여준 역작이다.

는 기후에 대해 이야기하는 중이었다.

안다이예는 "기후의 양상과 기후가 주요 경제활동을 어떻게 만들어 내는지에 대한 오래된 추정들은 이제 유효하지 않게 되었다"라고 덧붙였다. 카리브해에서 기후 위기가 점점 심각해지고 있었기 때문이다.[6] 당시만 해도, 여러 선진 경제 대국에서 기후 변화를 그저 새발의 피처럼 여겼을 수 있었겠지만, 카리브해의 여러 작은 섬나라에서 기후 변화는 이미 실존적 위협을 가하고 있었다. 2005년, 안다이예의 고국은 200마일이 넘는 해안선 중 고작 25마일을 덮는 단 한 번의 홍수로 인해 국내총생산GDP의 60퍼센트를 잃어버렸다.[7]

이와 같은 생태 위기는 오랫동안 계속되어 온 세계경제의 불의를 더욱 악화시키고 있다. 예를 들어, 가이아나에서 홍수가 일어난 뒤 여성 간병인과 자급자족 농민이 짊어진 부담은 엄청나게 늘어났다.

마찬가지로 북미자유무역협정NAFTA도 젠더적 불의에 기여했다. 여성들이 제조업 같은 부문에서 실직한 비율은 남성에 비해 두 배 이상이었다. 그렇게 되면서 여성들이 불안정한 비

---

6   Andaiye, "Contemporary Caribbean Struggle."

7   Global Facility for Disaster Reduction and Recovery, "Stories of Impact: Communicating Flood Risk Along Guyana's Coast - Guyana." *ReliefWeb*, November 3, 2016, https://reliefweb.int/report/guyana/stories-impact-communicating-flood-risk-along-guyana-s-coast[2024년 7월 25일 접속 확인].

공식 부문에서 차지하는 비중은 원래부터도 막대했지만 더욱 증가하게 되었다. 도미니카의 농업 인구 대부분이 상대적으로 안정적인 공식 부문에서 이탈하여 비공식 부문으로 밀려났다. 가이아나에서 인종 폭력이 늘어났으며, 자메이카에서 경찰 폭력이 급증했고, 카리브해 지역에서 전반적으로 가정폭력과 성폭력이 급격히 늘어났다.

안다이예는 이 나라들이 여러 위기에 직면하면서 자금을 얻기 위해 IMF에 의존하게 되었다고 말했다. 1970년대에 재앙적인 구조조정 정책을 시행한 뒤로도 IMF는 거의 변하지 않았지만, 이 나라들은 IMF에 의존하게 되었다.

여기에 대해 안다이예는 상상력을 발휘할 것을 요청했다. 정책이 낳은 직간접적 실패를 더 예리하게 설명하기 위한 상상력을 말하는 것이 아니었다. 카리브해 지역이 익숙하고 이용 가능한 비해법nonsoultions으로 되돌아갈 수밖에 없었던 이유는 새로운 해법을 갖고 있지 못했기 때문이었기에, 이 점을 극복해내기 위해 필요한 상상력을 말한 것이었다. 그녀는 건설자를 요구했다.

안다이예 곁에는 좋은 동료들이 있었다. 교도소 폐지 활동가이자 학자인 루스 윌슨 길모어는 고전 《황금 굴라크Golden Gulag》에서 특히 미국 자본주의의 오랜 반공주의를 고려해 보면 상당히 아이러니하게도 캘리포니아주에서 교도소 체계가 등장했다는 사실을 기록했다. 미국의 수감자 수는 세계사적으로 최고 수준이며 그것은 기업, 은행, 정부 관료의 긴밀한 협조가 만들어 낸 결과였다. 즉, 이는 "중앙의 계획"을 통해 만들어진 결과였다. 하지만 길모어는 툴레어Tulare 카운티를 비롯한 캘리포니아주의 주민 공동체가 저항에 성공했다는 점에도 주목했다. 캘리포니아주에서 가족 단위 목장주들과 농업 노동자들은 농장노동자연합United Farm Workers 깃발 아래 단결했고 교도소 건설 계획에 맞서 싸웠다. 지역 공동체의 활동가들은 은행과 주정부가 휘두른 "기술관료적 전문성"을 갖고 있지 않더라도 "산업의 입지 결정보다 우선시되어야 하는 대체 계획 기준"을 제시했다. 길모어는 이를 "풀뿌리 계획grassroots planning"이라고 불렀다.[8]

그렇기에 안다이예와 길모어는 계획이 장소를 만들어 낸다고 주장한다. 여기서 구성적 프로그램은 이런 질문을 던진다. 이 계획은 저들의 계획이 될 것인가 우리의 계획이 될 것인가?

---

8   Ruth Wilson Gilmore, *Golden Gulag: Prisons, Surplus, Crisis, and Opposition in Globalizing California* (Berkeley: University of California Press, 2007), 176–178.

구성적 접근은 우리에게 무엇을 요구하는가?

정치에 대한 구성적 접근은 우리에게 정치 문화를 완전히 새로 만들어 내라고 요구하지 않는다. 애초에 "구성적Constructive" 이라는 단어는 그저 이름에 불과하다. 이 책에서 소개된 인물들을 비롯한 많은 이들이 우리보다 먼저 구성적 정치를 실천했지만, 그들이 굳이 이 구성적이라는 특정 단어를 써서 자신이 하고 있던 일을 설명해야 할 이유는 없었다.

구성적 프로그램은 우리만의 대인관계적, 상징적, 물질적 필요를 무시하라고 요구하지 않는다. 그렇지만 구성적 프로그램은 이러한 우리의 필요를 투쟁의 필요만이 아니라 당장 함께 있지 않은 수많은 사람, 세대가 느끼는 필요와 연관시키는 훈련을 받으라고 우리에게 요구한다. 컴바히강공동체의 데미타 프레이저는 셀레스틴 웨어Cellestine Ware의 《여성의 힘Woman Power》을 읽은 뒤, 자신들의 사회적 위치를 본인의 급진적 관점으로 분석하는 것이 흑인 여성의 "권리이자 책임"이라는 견해에 도달하게 되었다고 회상한다.[9] 우리도 이 책에서 배워야 한다고 생각한다.

그러나 구성적 접근은 극도로 많은 것을 요구한다. 구성

---

9   Keeanga-Yamahtta Taylor, *How We Get Free: Black Feminism and the Combahee River Collective* (Chicago: Haymarket Books, 2017), 117.

적 접근은 우리에게 기획자이자 설계자가 되어야 할 뿐 아니라 아직 방에 있지 않은 사람들에 대해서도 책임을 갖고 그들에 반응하라고 요구한다. 구성적 접근은 우리에게 건축가가 되어야 할 뿐 아니라 건축업자이자 건설 노동자가 되어야 한다고 요구한다. 그리고 어떤 방이 좋을지 한가하게 관망하는 게 아니라 실제로 우리가 함께 앉을 수 있는 방을 만들어야 한다고 요구한다. 이 책을 마무리하면서 거기에 더해, 구성적 접근이 도덕적, 감정적 요구 또한 내포하고 있음을 인식하는 것이 중요하다고 말하겠다. 다양한 유형의 도덕적, 감정적 규율을 집단적으로 배양하지 않는다면, 더 나은 세계를 계획하지도 건설하지도 못할 것이다.

정치에 대한 존중적 접근이 찬사를 받을 만한 이유는 이 접근법이 생생한 경험, 특히 트라우마의 경험이 지닌 중요성을 고려하고 그 경험에 주목하기 때문이다. 하지만 "방 안에 있음"이 낳는 결과를 무시하면, 이러한 미덕은 악덕이 될 수 있다. 마찬가지로 트라우마의 중요성과 만연함을 집단적으로 해결해야 하는 문제라고 보는 게 아니라 사회적 자격과 존중 행동의 근거라고 간주할 때, 이러한 미덕은 악덕이 된다.

이런 경우, 학술적으로 분석하고 주장하는 것은 도움이 되지 않는다. 앞으로 나는 논쟁보다는 신념에 더욱 가까운 이야기를 하려고 한다. 인생을 살아오면서, 아무리 다르게 제시된 신념이더라도 그 신념에서 많은 점을 배울 수 있다는 사실을 알게 되었다. 그렇기에 계속해서 이야기하고자 한다.

나는 트라우마를 매우 중요하게 생각한다. 내가 자라난 미국이라는 나라는 정착식민주의와 인종적 노예제 그리고 그것이 낳은 여파들로 구조화되어 있기 때문에 집단적이고 역사적인 트라우마가 엄청나게 퍼져 있다. 또한 내가 자라난 아시리아 디아스포라 공동체에 속한 많은 사람들이 본인들이 겪은 학살을 생생하게 기억하고 있다.

나는 국민 차원에서 또는 공동체 차원에서 지금껏 별난 습관과 행동 등 여러 성격적 특성을 보아 왔고, 이와 같은 암울한 역사가 그러한 별남을 만들어 냈다고 생각해 왔다. 대부분 사람들과 마찬가지로 나도 예외는 아니었다. 내 자신이 존엄성이나 생명에 대한 공포, 참혹한 고통과 굴욕을 겪을 때 변하는 모습을 보고 느꼈다. 나는 종종 이러한 트라우마의 순간을 돌이켜 보지만 그 순간이 "가르침을 주었다"고 생각한 적은 거의 없었다.

매우 운이 좋은 경우, 이러한 경험들은 건축용 블록이 될 수 있다. 그 블록으로 무엇이 만들어질지는 블록을 어떻게 조립하는지에 달려 있다. 지식의 정치학을 연구하는 이들은 이를 "성취 명제achievement thesis"라고 부른다. 철학자 브리아나 툴이 명확히하듯이 사회적 위치 자체는 단지 그 사람을 알 수도 있을 법한 지위에 있게 할 뿐이다. 반면에 "인식적 특권" 내지 인식적 우위를 성취하는 것은 오로지 그 지위에서 계획적으로 공동으로 투쟁할 때만 가능하다.[10]

굴욕감, 박탈감, 고통이 무언가를 건설할 수도 있다. 특히 툴이 특별히 강조했던 "의식 제고"라는 노력이 계획적이고 구조적으로 이뤄진다면, 무언가를 건설하는 일이 가능할 것이다. 하지만 이 똑같은 경험은 무언가를 파괴할 수도 있다. 그리고 건설과 파괴 중 어느 쪽이 더 자주 승리하는지 내기를 해야 한다면 후자가 이길 것이다.

속담과는 달리, 아픔은 억압에서 비롯되었든 그렇지 않든 좋은 교사가 될 수 없다. 고통은 부분적이고 근시안적이며 자신의 것에만 몰두하는 것이다. 고통에 다른 것을 기대하는 정치를 하지 말아야 한다. 억압은 예비 학교가 아니기 때문이다.

구성적 접근이 많은 일들을 요구할지도 모르지만, 존중 접근은 훨씬 더 많은 것들을 훨씬 더 불공정하게 요구한다. 철학자 애그니스 캘러드가 올바르게 지적하듯, 트라우마는 (그리고 종종 트라우마에 수반되는 정당하고 마땅한 분노조차도) 고귀

10　Briana Toole, "From Standpoint Epistemology to Epistemic Oppression," *Hypatia* 34, no. 4 (2019): 598–618; Briana Toole, "Demarginalizing Standpoint Epistemology," *Episteme* 1 (2020): 19.

한 만큼이나 쉽게 타락하기 때문이다.[11] 어쩌면 타락할 가능성이 훨씬 더 높을 수도 있다.

말하자면, 존중 정치야말로 그것이 해 줄 수 없는 일을 트라우마에 하라고 요구한다고 나는 매우 굳게 믿는다. 존중 정치는 트라우마를 겪은 사람들이 우리가 함께 나눠야 할 짐을 혼자 짊어지도록 요구한다. 그러면서 그 짐을 숨기기 위해 발언대로 짐을 들어올리라고 요구한다.

나는 나의 트라우마를 떠올릴 때 삶의 교훈에 대해서 생각하지 않는다. 나는 생존의 조용한 고귀함에 대해서만 생각한다. 지금이 내 인생의 마지막 장이 아니라는 사실만으로도 충분한 힘이 된다. 내가 여전히 그 경험들을 기억한다는 것만으로도 충분하다.

또한 나는 존중 정치가 우리에게 지금보다 못한 사람이 되라고 요구한다고 믿고 있다. 심지어 존중 정치가 우리의 이익을 위한 것이 아니라고까지 믿고 있다. 학자이자 활동가 닉 에스테스가 원주민 정치의 맥락에서 설명하듯이 "트라우마 정치가 교활한 이유는 현실의 사람들과 투쟁을 그들이 특정 인종 집단이나 원주민에 속하는지와 무관하게 상처의 문제로 바꿔 버린다는 점이다. 트라우마 정치는 대부분의 경우 모든

---

11 Agnes Callard, "The Philosophy of Anger," *Boston Review*, April 16, 2020, https://bostonreview.net/forum/agnes-callard-philosophy-anger[2024년 7월 25일 접속 확인].

사람들을 이들이 지닌 열망이나 순수한 인간성이 아니라 트라우마에 따라 정의한다." 이러한 실천은 원주민에게 이롭지 않으며 오히려 "백인 청중이나 권력기관을 위한" 실천일 뿐이다.[12]

나는 나의 트라우마를 떠올릴 때면 위대한 작가 제임스 볼드윈James Baldwin의 깨달음을 떠올린다. 볼드윈은 자신을 가장 괴롭혔던 것이 "살아 있거나 살아 있던 모든 이들과 나를 연결해 주는 바로 그것들"이었다는 점을 깨달았다.[13]

나도 트라우마가 남는 경험을 일부 겪었고, 여러 폭력에서 살아남았으며, 우연적인 상황과 폭력 때문에 죽을 고비를 넘겼다(세세한 내용에서 주변 사람들과 다를 수 있다). 그렇다고 해서 그러한 사실이 게임화된 사회적 상호작용에서 활용할 카드가 되거나 위신을 얻기 위한 싸움에서 휘두를 무기가 되는 것은 아니다. 그것 때문에 내가 어느 집단을 위해 발언하고 평가하고 결정하는 특별한 권리를 갖게 되는 것도 아니다. 그 사실이 구체적이고 경험적으로 표현하는 것은 취약성, 즉 나를 이 땅에 있는 대부분의 사람들과 연결시키는 취약성일 따름이다. 그것은 나와 다른 사람들을 가로막는 장벽이 아

12   Nick Estes (@nickwestes), Twitter, September 4, 2020, 4:40 pm, https://twitter.com/nickwestes/status/1301998637740851201[2024년 7월 25일 접속 확인].

13   Jane Howard, "Doom and Glory of Knowing Who You Are," *Life*, May 24, 1963.

엘리트 포획

니라 둘 사이를 연결하는 다리 역할을 한다.

함께하기, 즉 연대의 정치는 비록 존중이 결함 있는 행동 모델을 제공하긴 했지만 좋은 출발점이다. 하지만 함께하는 것만으로는 충분하지 않다. 우리는 어디로 갈지 함께 결정해야 할 뿐 아니라 그곳에 가기 위해 필요한 일도 해야 한다. 비록 우리가 처음에 지녔던 특권이나 우위는 각기 다르지만, 그렇다 하더라도 이 여정의 목표는 누가 누구에게 고개를 숙여야 하는지를 밝혀내는 것이 아니다. 단지 어떻게 하면 최선을 다해 힘을 합칠 수 있는지 밝히는 것이 중요하다. 프레이리가 이론으로, 아프리카의 반식민지 혁명과 포르투갈의 카네이션 혁명이 실천으로 보여주었듯이, 모두가 목적지에 도달하려면 우리에겐 서로가 필요하다. 무엇보다도 중요한 일, 그것은 목적지에 도달하는 것이다.

정체성 정치는 한국 안팎에서 진보 좌파 정치와 진보적·변혁적 사회운동에서 매우 중요한 화두로 다시 떠올랐다. 한편에서는 피억압자가 자신의 이론을 바탕으로 스스로 사회를 변혁해야 한다는 정체성 정치의 본래 정신을 강조하면서 정체성 정치가 계급 정치를 보완하거나 이에 대한 대안을 제시해 준다고 주장한다. 왜냐하면 계급 정치가 분배와 경제적 토대라는 측면에 주목해 온 나머지, 소위 "인정 투쟁"의 중요성을 그동안 놓쳤다고 평가하기 때문이다. 그 반대편에는 정체성 정치를 비관적이든 회의적이든 부정적으로 평가하는 여러 입장들이 존재한다. 정체성 정치가 인정 투쟁에 지나치게 몰두하면서 분배 문제를 도외시하거나 주변화한다는 입장도 있고, 정체성 정치가 매우 협소한 내 집단의 이익만을 강조하는 부족주의와 배타주의를 강화한다는 입장도 있다.

그러나 이 '정체성 정치 논쟁'이 오늘날 우리의 문제 인식과 평가, 실천을 발전시키는 데 정말 도움이 되고 있는지 묻는다면, 회의적으로 평가할 수밖에 없다. 왜냐하면 과거에 있었던 분배-인정 논쟁을 계속 되풀이하면서 대개 "정체성 정치에 문제가 있지만 그럼에도 불구하고 잘하는 수밖에 없다"라는 결론에 이르곤 하기 때문이다. 정체성 정치를 긍정적으로 평가하는 입장도 정체성 정치에 대해 "잘해야 한다" 혹은 "적절히 해야 한다" 정도의 결론을 이야기하고, 부정적으로 평가하는 입장도 "정체성 정치를 넘어서는 정치"를 해야 한다는 이야기를 할 뿐이다.

올루페미 O. 타이워가 2022년에 출간한 《엘리트 포획: 엘리트는 어떻게 정체성 정치를 (그리고 모든 것을) 포획하는가?》(이하 《엘리트 포획》)은 도돌이표뿐인 '정체성 정치 논쟁'을 다른 관점에서 개입하는 책이다. 저자는 소위 "정체성 정치 비판"이 합리적 핵심을 지적하고는 있지만, 그 핵심이 정체성 정치에만 한정되지는 않는다고 분명히 말한다. 저자는 우리가 실제로 비판해야 하는 것은 바로 엘리트 포획이라는 현상이고, 이 현상은 어느 정치에서든 민주적 책임성의 압력이 미약한 상황에서 나타나는 문제라고 주장한다. 그리고 당사자성 기반 운동 내부의 특정 규범, 문화, 제도가 이 운동이 엘리트에 의한 포획에 취약하도록 만든 이유라고 지적한다.

엘리트 포획을 비판하고 극복하려 하는 당사자성 기반

운동이 엘리트에 의해 포획된다는 역설이 대체 왜 나타날까? 저자는 "존중 정치"라는 사회운동의 특정 문화를 그 이유라고 설명한다. 존중 정치는 당장 운동 내부에서 누구의 목소리가 얼마나 대표되는지에 주목하고, 운동 내부의 불균형을 시정하는 것을 우선시한다. 물론 여태까지 말할 권리를 박탈당해 온 이들의 권리를 되찾는 일이 잘못되었다는 이야기가 아니다. 진짜 문제는 사회운동이 이 권리를 되찾기 위해 운동 "안의" 특정 인물에게 더 많은 발언권을 제공하는 것에 집중하면서, 정작 운동 "바깥의" 주변화된 이들의 목소리를 책임 있게 반영하고 정말 이들을 위해 최선을 다했는지 되묻는 것을 소홀히 한다는 점에 있다. 따라서 타이워는 대표의 문제보다 책임의 문제에, 도덕과 윤리의 문제보다 결과의 문제에 주목할 것을 제안한다. 그리고 우리의 조직화된 힘을 올바르게 행사할 수 있도록 조직과 인적 네트워크, 문화를 재구성해야 한다고 주장한다.

그러나 이 책을 읽으면서 저자의 주장에 대해 여러 의문이 들 수 있다. 주제넘지만 옮긴이로서 이 지면을 빌려 몇 가지 의문에 답변하고자 한다.

첫째, 저자가 말하는 엘리트 포획이라는 개념이 계급이나 젠더, 인종, 국적 등과 관련된 구조적 억압의 중요성을 희석하거나 여기에 면죄부를 줄 수 있다는 의문을 제기할 수 있다. 왜냐하면 저자는 자본주의나 성차별주의, 인종주의, 비장애중심주의 등과 관련된 착취, 억압, 차별이라는 거시적이고 구조적인 문제를, 연구자 모임이나 지역 활동가 단위, 활동가 연대체 등에서 발생하는 미시적 문제와 마찬가지로 엘리트 포획이라고 지칭하기 때문이다. 이는 마치 구조적인 문제를 집단 내/집단 간 문제와 동일시하여 거악을 소소한 잘못과 등치시키는 것처럼 보일 수도 있다.

일단, 저자가 이 둘의 막대한 차이를 부정하지 않는다는 점부터 분명히 하자. 저자는 1장에서 국제적 수준과 국가적 수준의 문제부터 미시적 문제까지 엘리트 포획의 다양한 사례를 언급하면서, 정체성 정치에서 나타나는 엘리트 포획이라는 문제가 (비록 맥락과 규모의 차이는 존재하지만) 사실은 어느 정치든 흔히 나타나는 현상이라고 지적한다. 그리고 2장에서는 대개 분배 문제와 다르다고 여겨지는 인정 문제를 실제로는 대화 속에서 보상과 처벌을 분배하는 인센티브 구조의 문제를 통해 이해해야 한다고 주장한다. 저자는 벌거벗은 임금이라는 우화를 정보 경제학과 게임 이론, C. 티 응우옌의 "가치 포획" 등과 연관시키면서, 정보와 대화를 유물론적이고 정치경제학적으로 분석할 필요가 있다고 강조하고 있다.

엘리트 포획

그리고 《엘리트 포획》에서 정보와 대화를 둘러싼 (광의의) 정치경제학적 분석을 사회운동 내부로 향하는 이유는, 그 구조적 억압을 소멸시키는 데 효과적인 조직, 문화, 원칙 등을 모색하기 위해서이다. 3장에서 저자는 당사자성 기반 운동이 "방 안에 있는" 엘리트에 포획되기 쉬운 이유를 존중이라는, 입장 인식론의 특정 실천 방식에서 찾는다. 그리고 4장에서는 존중 정치가 강조하는 상처와 트라우마를 무시하거나 폄하하지 않으면서도, 그것을 야기한 자본주의와 제국주의, 성차별주의, 인종주의 등 국제적·국가적 수준의 불의한 구조들을 바꾼다는 목표를 중심으로 제도와 문화를 재구성하고 재조직해야 한다고 주장한다. 이는 프레이리가 이론적으로 강조하고 PAIGC 활동가들이 실천한 "의식화" 과정, 즉 엘리트와 비엘리트의 상호 해방적 정치 프로젝트를 목표로 하는 "구성적 정치"가 추구하는 방향이다.

둘째, 소수자 정치의 위상이 소위 "선진국"과 한국에서 매우 다르기 때문에 《엘리트 포획》의 주장을 한국의 상황에 적용하긴 어렵다고 반론할 수도 있다. 성소수자가 금배지를 다는 것조차도 허용되지 않고 국회 내 여성 의원의 비중도 인구 성비에 비하면 훨씬 미달하는 것에서 볼 수 있듯, 한국에서는 소수자 정치가 엘리트에 의해 포획될 정도로 무르익지 않았고 북미와 유럽의 여러 선진국은 여성 정치와 퀴어 정치가 제도권으로 들어올 정도로 성숙했기에, 한국과는 상황이 매우 다르다고 볼 수 있기 때문이다. 이 반론은 한국에서 당사자성 기반 운동의 엘리트 포획을 비판하는 것이 적절하지 않다는 평가로 귀결되거나, 비록 타당한 비판일지라도 그 비판을 소수자 정치가 성숙할 때까지 유보해야 한다는 결론으로 이어지기도 한다.

일견 타당해 보이지만, 여기에 대해 두 가지 사실을 통해 재반론을 해 볼 수 있다. 하나는, 한국의 진보 좌파 정치와 사회운동 안팎에서 엘리트 포획이 이미 나타나고 있다는 사실이다. 소위 진보정당에서 청년과 사회적 약자를 대표한다고 자처한 정치인이 오로지 자신의 정치적 생존을 위해 행동하는 사례가 있었고, 시민단체 내에서 과도한 영향력을 행사하는 활동가가 다른 활동가들을 탄압했을 뿐 아니라 그 탄압의 책임을 똑같은 활동가라는 이유로 면피하려 드는 사례도 있었다. 진보를 자처하는 명망가나 지식인, 논객이 불의를 향한 대중의 정당한 분노를 자기 유명세와 지면 확보, 요직 획득의 수단으로 활용하는 경우도 있다. 소셜미디어나 온라인 커뮤니티, 게시판 등에서 "사이다" 발언을 하면서 뭇 사람들의 주목을 받지만 정작 조직화를 위한 활동에는 기여하지 않는 소

엘리트 포획

위 "네임드" 유저도 존재한다. 이외에도 많은 사례들을 통해 한국에서 엘리트 포획은 이미 벌어지고 있을 뿐 아니라 이것이 진보적·변혁적 사회운동과 진보 좌파 정치가 쇠퇴하고 침체하는 요인이라는 점도 충분히 알 수 있다.

그보다 훨씬 더 중요한 사실은, 바로 《엘리트 포획》이 나오기 훨씬 이전부터 국내에서도 당사자성 기반 운동과 여기에 참여하는 활동가들이 (부정적 의미의) 정체성 정치와 사회운동 내 엘리트 포획에 대해 적극적으로 경고하고 날카롭게 비판해 왔다는 사실이다. 진보적 장애인 운동을 지향하는 전국장애인차별철폐연대와 노들장애인야학의 활동가들이 "당사자주의"를 넘어서야 한다고 강조한 것이 대표적인 사례다. 박경석 대표는 《출근길 지하철》에서 진보적 장애인 운동에 참여한 배경을 회고하면서, 당사자주의가 비록 장애인 당사자의 목소리가 배제되는 현실을 올바르게 지적하긴 했지만, 오히려 다른 장애인을 억압하는 방식으로 활용될 수도 있다고 이야기한다. "자기랑 다른 장애인들, 다양하게 억압받는 다른 사람들 계속해서 만나 가는 과정도 없이 말이야. 그 장애인이 결정하는 게 정말로 모든 장애인들한테 다 맞는 걸까? 절대 그럴 리 없죠."[1] 성소수자와 HIV 감염인을 향한 낙인

---

1   박경석, 정창조, 《출근길 지하철》, 위즈덤 하우스, 2024, 321-322쪽.

과 차별, 혐오를 비판하기 위해 출범한 연대체인 HIV/AIDS인권활동가네트워크도 길리어드의 퀴어 퍼레이드 후원을 언급하면서 성소수자로서의 자긍심과 이들이 마땅히 누려야 할 존엄과 평등을 드러내기 위한 퀴어 퍼레이드가 "사람 목숨을 이용해 폭리를" 취해 온 초국적 제약회사의 이윤 창출 계획에 포획될 수 있다고 경고해 왔다.[2] 이외에도 엘리트 포획에 대해 이야기해 온 운동과 활동가들이 이 지면에 담을 수 없을 정도로 존재한다.

마지막으로, 책에서 이야기한 사회운동이 결과와 목표를 중심으로 재편되어야 한다는 주장이 오히려 소수자 정치를 향한 비난과 공격에 힘을 실어 줄 수 있다고 우려할 수 있다. 왜냐하면 그 동안 강조되어 온 소수자에 대한 감수성, 권력관계를 고려한 발언권의 공평한 배분, 포용적인 언어 사용과 같은 원칙과 가치들이 사회운동에서 중요하지 않은 문제로 취급되고 무시될 수 있기 때문이다. 최악의 경우, "정체성 정치"나 "PC"(정치적 올바름) 비판을 내세우며 사회적 소수자들을 비난하고 조롱하며 공격하는 목소리를 반박하기는커녕 정당화할 수도 있다. "해일이 오는데 조개나 줍는다"는 비유는 이런 식의 비난과 조롱을 가장 잘 요약하는 대표적인 사례다.

2   HIV/AIDS인권활동가네트워크, 〈초국적 제약회사의 후원을 퀴어 커뮤니티가 경계해야 하는 이유〉, 2022, http://notacrime-hiv.org/?p=1606

위에서 언급한 우려에 공감하고 유념하면서, 소위 '해일과 조개론'이 사용되는 맥락을 깊이 생각해 보자. 이 비유는 대체로 사회운동 내에서 의사결정에 미치는 영향력이 불균등하게 분배된 상황에서 활용된다. 즉, 무엇을 "조개 줍는 일"과 그렇지 않은 일이라 평가할 수 있는 권한이 사회운동에 필요한 권력과 자원을 지니고 있고 일부 사람들에게 주어져 있지만, 그들이 다른 사람들의 정당한 문제 제기를 쉽게 평가절하하고 여기에 대한 비판을 무시할 수 있을 때 활용된다. 이러한 권력의 불균형을 고려하면, "조개 줍는 일"이라는 폄하에 항변하는 것은 정당하다.

그렇지만 우리는 이 비유가 우리가 정말 해야 할 일에 대해서는 말하지 않는다는 점에 더욱 주목할 필요가 있다. 정말 해일이 온다면, 우리는 더 큰 해일이 밀려오도록 만든 기후 위기를 어떻게 막을 것인지, 해일에 취약한 사람들의 생활환경을 어떻게 개선할 것인지, 해일로 인해 어려움을 겪는 사람들을 위한 사회안전망을 어떻게 구축할 것인지 등을 논의해야 하고, 그러려면 많은 정보를 모아야 한다. 하지만 우리에게 주어진 주목 권력과 시간은 한정되어 있고, "조개 줍는 일"이 아니라는 항변에 더욱 신경을 쓸수록 우리의 기존 활동 방식을 재검토하기 위해 할당된 주목과 시간은 줄어들게 된다. 이는 '해일과 조개론'이 교활한 이유이면서 동시에 여기에 항변하는 것만으로 충분하지 않은 이유이기도 하다.

'해일과 조개론'이라는 프레임을 정말 넘어서려면, 소수자 감수성과 공평한 발언권 배분, 포용적 언어 등이 중요한 이유를 사회운동의 진정한 목표와 연관시키며 설명해야 한다. 가령 우리가 해일로 인한 피해를 어떻게 예방하고 완화할 것인지 고민하려면, 당사자들의 경험과 상황에 관한 풍부하고 다양한 정보를 우리의 공통 기반으로 만들어야 한다. 그런데 만일 당사자들의 목소리를 무책임하게 재단하고 선별하며 모른 척하는 무책임을 방치한다면, 사회운동이 목적을 달성하는 데 도움이 되지 않을 뿐 아니라 그와 정반대 결과를 낳을 수 있다. 따라서 위에서 언급한 가치와 원칙은 사회운동이 민주적 책임성의 원리에 따라 더 나은 사회를 만들기 위해서 필수불가결하다고 말할 수 있다.

《엘리트 포획》은 "구성적 정치"라는 개념을 통해 우리가 우리 활동을 해방이라는 목표, 운동의 결과물, 의사결정 공간의 민주적 책임성 등을 기준으로 재점검하고 재구성할 것을 요구한다. 이러한 요구는 이 책이 출간되기 훨씬 이전부터 장소와 맥락에 따라 다르지만 사회운동 안팎에서 여러 형태로 나타났으며, 때로는 반영되기도 하고 때로는 무시, 묵살, 폄하되기도 했다. 그렇기에 이 책의 출간은 사회운동에 필요하지만 여태 무시되었던 목소리들에 힘을 실어 주고 본래 받아야 할 주목을 받을 수 있게 해 주리라고 믿는다.

이러한 점들이 이 책을 번역해야 한다고 생각하게 된 이유이기도 하다. 왜냐하면 각자의 현장에서 그러한 반성적인 목소리를 적극적으로 내 왔던 분들에게 많은 빚을 지고 있기 때문이다. 돌이켜보면 이 책이 다루는 엘리트 포획에 대해 숙고할 수 있는 경험을 전해 준 선배 활동가들만이 아니라 여러 연대 활동에서 만난 수많은 다른 활동가들에게도 일일이 열거할 수 없을 정도로 수많은 빚을 지고 있다고 생각한다. 게다가 서로 알지는 못하지만, 항상 본인의 자리에서 최선을 다하는 분들께도 빚을 지고 있다고 생각한다. 그분들이 공유한 문제의식, 도전과 좌절 등이 여러 경로를 통해 나에게 영향을 주었기 때문이다. 그렇기에 그들의 올바르고 타당한 문제의식이 받아야 마땅한 주목을 받을 뿐 아니라 실천으로 반영될 수 있도록 돕는 것이 내가 져야 할 책임이라고 생각한다.

마지막으로, 이 번역 작업이 혼자만의 힘으로 이뤄지지 않았다는 것을 밝히고자 한다. 《오인된 정체성》에 이어 이 책을 한국어로 소개할 기회를 받은 것은 두번째테제 출판사 장원 편집장 덕분이었다. 또한 개인적으로 존경하는 활동가 박기형 님은 이 번역 작업이 진보와 변혁, 체제 전환을 지향하는 국내 활동가들의 문제의식과 얼마나 맞닿아 있는지 알려 주었고, 독려해 주었다. 이 책이 좋은 책이 될 수 있도록 도움을 주신 정창조 님과 김정희원 선생님께도 감사드린다. 한국 땅에서 미얀마 민주주의를 위해 투쟁해 온 찬빅재 님과 묘헤인 님, 일상 속에서 평등과 정의를 고민해 온 대학교 선후배들 등 수많은 분들과 논의하고 토론한 경험도 이 번역 작업에 도움이 되었다고 생각한다. 이 번역서가 나올 수 있도록 도움을 주신 수많은 분들과, 이 책을 읽으며 고민하시는 모든 분들께 감사와 격려의 말씀을 드리고 싶다.

엘리트 포획

찾아보기

엘리트 포획

엘리트 포획

엘리트 포획